Peter Lexe · Peter Just

Köstliche Wege von Stainz nach Maribor

Peter Lexe · Peter Just

Erzherzog-Johann-WeinKulturReise

Köstliche Wege von Stainz nach Maribor

:STYRIA

ISBN 978-3-222-13265-0

Covermodel: Willi Rauch

Druck und Bindung: Dimograf

Inhalt

Liebe Freunde meiner kulinarischen Reisen!

Willkommen auf der Erzherzog-Johann-Straße, die ich in Graz beginne, die Stainz und Gamlitz zu Zentren erhebt, und die schließlich in Marburg/Maribor endet.

So, nun ist es doch noch auf den Markt gekommen, das fünfte kulinarische Reisebuch, an dem ich viel zu lange gearbeitet habe. Die ausgedehnte Zeit der Recherche und des Wartens hatte gute Gründe. Für mich plausible, für jene, die ständig nach dem neuen Werk gefragt haben, mögen sie fadenscheinig gewesen sein.

Zum einen ist mir der Laptop abhandengekommen. Er wurde mir praktisch vor der Nase weggestohlen. Hast du wohl eine Sicherungsdiskette angelegt!?, fragten mich damals besorgt alle Freunde. Natürlich hatte ich. Aber diese Diskette lag in der Tasche, die mit dem Laptop verschwand. Das hat mein Nervenkostüm regelrecht zerfetzt, so sehr, dass ich ein Jahr lang keine Zeile mehr schreiben wollte. Eineinhalb Jahre war ich die Erzherzog-Johann-Straße abgefahren, habe Wirtshäuser besucht, Buschenschenken abgeklappert und mir so manchen Schwips bei Weinverkostungen geholt. Alle meine Aufzeichnungen darüber waren mit einem Schlag ausgelöscht.

Nun, lange Zeit nach dem Vorfall bin ich irgendwie froh über das Geschehen. Ich habe die West- und Südsteiermark mit noch mehr Aufmerksamkeit, mit noch mehr Engagement und noch mehr Entdeckergeist befahren.

Die Eindrücke sind enorm, die ich mitnehmen durfte. Und es war noch schlimmer als in meinen Büchern zuvor: Welches Wirtshaus, welchen Bauernhof, welchen Winzer sollte ich weglassen? Allein Stainz und seine Umgebung wären ein ganzes Buch wert, von Gamlitz oder der Untersteiermark/Štajerska gar nicht zu reden.

Wenn sich 2009 der Todestag von Erzherzog Johann zum 150. Mal jährt, dann ist dieses Buch ein kleiner Teil vieler Publikationen rund um den „Erfinder“ des Tourismus in der Steiermark. Er war der erste Bürgermeister von Stainz und gilt als der Gründervater einer modernen Steiermark.

In vielen Orten wird er jetzt besonders verehrt und oft habe ich mir gedacht, was würde er wohl zu dem Rummel sagen, der nun rund um seine Person und sein Wirken ausgelöst wurde?

Auf meinen Reisen habe ich viele Menschen kennen und schätzen gelernt. Ich denke an Fritz Hubmann, der am Beginn meiner Recherche noch Bürgermeister von Stainz und die treibende, aber auch stets geduldige Kraft für dieses Buch war. Ich denke an die Goachs am Reinischkogel, an die Mustergastwirte Karin und Willi Rauch, an die mit Kreativität und feinsinnigem Geschmack ausgestattete Andrea Sagmeister oder den polternden Kernölbürgermeister Gernot Becwar.

Da werde ich noch viele auflisten, die ich meinen Leserinnen und Lesern unbedingt vorstellen muss. Mit ihren Ideen, mit ihren Produkten, mit ihrer Philosophie, ebenso wie mit ihren Weinen und Rezepten. Genießen Sie mit mir die Reise durch ein Land, das mit Schönheit, Kraft und aufrechten Menschen üppig ausgestattet ist.

Ihr Peter Lexe

Reise 1

Von Graz nach Stainz, die Stadt des Erzherzog Johann und ihr Umland

Graz – Lieboch – Reinischkogel – Stainz – Bad Gams – Groß St. Florian – Preding – Tobisberg

MUR

Das touristische Projekt „Erzherzog-Johann-Straße" beginnt in Stainz. Ganz klar, ist doch Stainz der Mittel- und damit der Ausgangspunkt vieler Taten, die der Erzherzog in dieser Region gesetzt hat. Dennoch erlaube ich mir, die Reise entlang dieser Erzherzog-Johann-Straße in Graz zu beginnen.

Als Erzherzog Johann 1782 in Florenz zur Welt kam, herrschte in Wien Kaiser Josef II. Ihm folgte 1790 Leopold, der Vater von Johann. Mit der Krönung zum Kaiser ist die Familie von Florenz nach Wien gezogen und für den jungen Johann begann die übliche Ausbildung innerhalb einer kaiserlichen Familie: Militär, Offizier, als Feldmarschall gegen Napoleon. Der Erzherzog unterstützte Andreas Hofer bei dessen Freiheitskampf. Als das misslang, zog der Herr Bruder, der in der Zwischenzeit als Franz II. den kaiserlichen Thron bestiegen hatte, Erzherzog Johann von Tirol ab. Dieser wurde schließlich in der Steiermark ansässig.

Johann liebte die Natur, das Bergsteigen, die Jagd, aber auch die Landwirtschaft und er war an technischen Dingen und deren Entwicklung stark interessiert. Dass er viel im Ausseerland unterwegs war, wurde durch seine Liebesbeziehung bekannt: Beim Kennenlernen von Anna Plochl, Postmeisterstochter aus Aussee, hat ihn sozusagen der Blitz getroffen. Aus der Liebe entwickelte sich eine Ehe, die allerdings der Kaiser persönlich absegnen musste. Das aber war damals gar nicht einfach und dauerte seine Zeit. Erzherzog Johann war zum Zeitpunkt der Hochzeit 47 Jahre alt.

Was hat nun Erzherzog Johann zugunsten der Steiermark geschaffen? Zunächst legte er 1811 mit der Stiftung seiner persönlichen Sammlung den Grundstein für das Landesmuseum Joanneum in Graz. Er war maßgeblich an der Errichtung des Landesarchivs beteiligt, eröffnete 1826 die Berg- und Hüttenschule in Vordernberg, aus der später die Montanuniversität in Leoben hervorging.

Der Schwerpunkt seines Wirkens lag jedoch in Stainz. 1841 erwarb er den dortigen Herrschaftssitz und wurde 1850 der erste frei gewählte Bürgermeister der Stadt. Am 11. Mai 1859 starb der Erzherzog als 77-Jähriger in seinem Grazer Palais.

Erst in das Joanneum, dann auf Beisltour

Um Erzherzog Johann besser verstehen zu können, muss man die Steiermark näher kennen lernen. Er selbst liebte dieses Land, erkannte bei seinen Fahrten aber nicht nur dessen Schönheit, sondern auch die Armut der Menschen. Daher suchte der Erzherzog alles zu unternehmen, was die Lebenssituation der Menschen verbessern könnte. Es waren kleinere und größere Schritte, die des Kaisers Bruder in diesem Land setzte.

In Graz befindet sich der Sitz des Landesmuseums namens Joanneum. Ein gewaltiger Komplex mit Abteilungen nicht nur für Geschichte, sondern auch für Natur und Kultur. Als am 26. November 1811 Erzherzog Johann seine Kunst- und Natursammlung in eine Stiftung übertrug und diese dem Land Steiermark übergab, tat er dies, um „das Lernen zu erleichtern" und „die Wissbegierde zu wecken". Das Joanneum ist das zweitgrößte Museum Österreichs und als Universalmuseum angelegt. Fünfhundert Mitarbeiter betreuen unter anderem die Sammlung im Schloss Eggenberg, das Jagdmuseum im Schloss Stainz und Ausstellungen im Schloss Trautenfels.

Wie gesagt, der Einstieg in meine Reise über die touristische Route, die Erzherzog-Johann-Straße genannt wird, erfolgt in Graz. Konkret, im Joanneum. Und hier geht es in den Landhauskeller zur Familie Huber, wo das beste Rindfleisch der Stadt gekocht wird. Oder weiter zum Schmausen der „Erzherzog-Johann-Torte" in Hotel, Restaurant und Konditorei

„Erzherzog Johann". Das Rezept wird nicht verraten, aber warum daheim einen Backaufwand betreiben, wenn das Gute doch so einfach greifbar ist. In diesem Hotel kann auch trefflich übernachtet werden, und von hier aus lässt sich die Beislszene der zweitgrößten Stadt Österreichs wunderbar durchstreifen: Blounge, Eckstein, kleine feine Häppchen bei Frankowitsch, Bier trinken in der Eschenlaube, ein guter Wein und eben die Rindfleisch-Schmankerln im Landhauskeller. Wenn ich mir einen besonderen Genuss leisten möchte, gehe ich ins „Magnolia" speisen. Klein, aber oho!

Das ist aber bei weitem nicht alles: Diese Stadt lebt Abend für Abend förmlich auf und der Gast sollte sich ins Geschehen hineinfallen lassen. Aber Achtung, wer sich zu sehr fallen lässt, der läuft womöglich Gefahr zu versumpfen …

Vom Stift zum Schloss Stainz

Für die Fahrt von Graz nach Stainz gibt es grundsätzlich drei Routen zur Auswahl: die Südautobahn A2 Richtung Kärnten mit der Abfahrt Steinberg, die Pyhrnautobahn A9 Richtung Süden bzw. Marburg/Maribor mit der Abfahrt Graz-Thalerhof oder die Bundesstraße über Lieboch. Die Entscheidung hängt auch vom Zeitplan ab. Besonders schön ist für mich die Fahrt über die Südautobahn. Verlässt man in Steinberg die Autobahn, landet man nämlich direkt in der Schilchergegend zwischen Ligist und Stainz. Malerische Dörfer, herrliche Weingärten, putzige Winzerhäuser. Alles wirkt ein wenig wie aus dem Bilderbuch. Und schließlich Schloss Stainz, es thront über der Stadt und hat praktisch den gesamten Raum „im Blick". Die Geschichte des heute mächtigen Anwesens begann 1229. Leuthold von Wildon, der damals der Grundherr von Stainz war, ließ auf dem Hügel über der Ortschaft Stainz eine Kirche erbauen, die der heiligen Katharina geweiht wurde. Daraus entwickelte sich ein Augustiner-Chorherren-Stift. Im 16. und 17. Jahrhundert erhielt das Stift seinen heutigen baulichen Charakter. Die bis dahin eher ärmliche Kirche beispielsweise wurde mit einer wunderbaren barocken Innenausstattung versehen. Von Stainz aus schreitet man über die Rosolenz-Treppe hinauf zu Kirche und Schloss. Benannt ist die Treppe nach dem ehemaligen Propst Jakob Rosolenz, der nach 1600 mit dem barocken Umbau begonnen hatte.

1785 wurde von Josef II. das Augustiner-Chorherren-Stift aufgehoben. 1840 erwarb Erzherzog Johann das Stift, es wurde zum Schloss Stainz und ist heute noch im Besitz der direkten Nachkommen des Erzherzogs. 2009 ist dies Franz Graf von Meran, in der fünften Generation nach Erzherzog Johann. Im Sinne des Gründers wird die Forst- und Gutsverwaltung trotz Einsatzes moderner Technologien naturschonend gepflegt. Das Schloss Stainz ist Wohnsitz des gräflichen Nachkommens, das Schloss Schenna in Südtirol, wo im Familienmausoleum der Erzherzog begraben liegt, ist Feriendomizil der Familie Meran. Mehrere Räumlichkeiten wie das Refektorium – also der ehemalige Speisesaal der Mönche –, der Schlosskeller und der Arkadenhof werden für Veranstaltungen vermietet.

Ich selbst war dort bei etlichen internationalen Roséwein-Verkostungen. Der Rahmen dafür ist schlichtweg gediegen.

Im Westflügel des Schlosses ist das Jagdmuseum untergebracht. Es wurde 2006 eröffnet und zeigt sehr anschaulich die Entwicklung der Jagd bis in unsere Zeit. Ich bin wahrlich kein Jäger, doch das Museum hat mich fasziniert und einen Besuch kann ich nur empfehlen. Das Museum ist ganzjährig geöffnet, montags ist Ruhetag.

Informationen unter www.museum-joanneum.at

LANDESMUSEUM

IOANNEUM

Ein Erzherzog als Bürgermeister

Dass es den Bauern in früheren Zeiten nicht gut ging, das lehrt uns die Geschichte. Etwas anders gingen die Uhren in der Weststeiermark. Erzherzog Johann zog 1840 in das Schloss ein und befreite einige Jahre später – noch vor 1848, dem Jahr der sogenannten Bauernbefreiung – seine Bauern von dem Druck der Steuern: Er erließ ihnen Robot und Zehent. So sah er „zufriedene Gesichter". Als er sich dann 1850 der Wahl zum Bürgermeister stellte, wunderte es niemanden, dass Erzherzog Johann auf Anhieb gewählt wurde. Der erste frei demokratisch gewählte Bürgermeister von Stainz war also ein Hochadeliger aus der kaiserlichen Familie. Als Bürgermeister hat er für Stainz doch einiges erreicht: Bezirksgericht und Bezirkshauptmannschaft wurden in die weststeirische Stadt verlegt. Die Amtsräume dazu organisierte der Bürgermeister, ein Gendarmerieposten wurde gegründet, die Straßenbeleuchtung aufgebaut und insgesamt dem Straßenbau und dem Feuerschutz großes Augenmerk gewidmet. Die vordringlichste Arbeit für den Bürgermeister war aber die Förderung der Landwirtschaft und vor allem des Weinbaues. Auch Gewerbe und Handel gingen dabei Hand in Hand. Es war eine Zeit des wirtschaftlichen Aufbruchs.

Der Schilcher

Es gibt wohl keinen anderen Wein in Österreich, der so die Feinschmecker polarisiert wie der „Schilcher" – der Wein aus der Traube namens „Blauer Wildbacher". Papst Pius VI. hatte auf seiner Reise nach Wien zu Kaiser Josef II. im Kloster Maria Lankowitz Station gemacht. Über das Abendessen schrieb er in sein Tagebuch: „Sie haben uns einen rosaroten Essig vorgesetzt, den sie Schilcher nannten." Das sagt wohl alles und es sagt im Grunde genommen gar nichts. Denn der Schilcher, der einst als „Rabiatperle" verschrien war, hat sich zu einem gefragten österreichischen Roséwein entwickelt. Dank besserer Pflege der Rebstöcke im Weingarten und dank der besseren Kellertechnik unserer Winzer ist aus dem sauren Wein mit der zwiebelschalenen Farbe ein Wein geworden, der säurebetont, resch, würzig und grasig schmeckt. „Schilcher" darf der Wein nach der Novelle des Österreichischen Weingesetzes von 1976 nur heißen, wenn er zu 100 Prozent aus der Blauen Wildbacher-Traube gekeltert wird. Ausschließlich in der Steiermark, versteht sich. Und hier in der Weststeiermark: von Ligist bis Eibiswald. Entlang dieser Linie führt auch die Schilcherweinstraße.

Die Blaue Wildbacher-Rebe ist auch im Veneto bekannt. Bei Conegliano wird sie angebaut und aus ihren Trauben werden gehaltvolle Rotweine produziert.

Das passiert auch in der Weststeiermark, vornehmlich in Deutschlandsberg, wo ebenfalls Blauer Wildbacher als gehaltvoller Rotwein gekeltert wird, der allerdings nicht „Schilcher" heißt.

Der Schilcher wird da und dort als Weißwein produziert und nennt sich dann „Weißgepresster" oder „Gleichgepresster". Das heißt, die Trauben werden unmittelbar nach der Lese gerebelt und gepresst. Da gibt es bei roten Trauben eben nur einen weißen Saft. Lässt man die Trauben etwas länger liegen, wird der Saft „rosé", bleiben sie noch länger auf der Maische, entsteht daraus der Rotwein mit der rubinroten Farbe. Er ist schon faszinierend, dieser Schilcher. Der Rebstock wächst übrigens bis auf 600 Meter Seehöhe.

Und erst der Schilchersturm: Höchstes kulinarisches Vergnügen ist es, im Herbst bei den Winzern in der Weststeiermark einzukehren und den noch in der Gärung befindlichen – also stürmenden – Schilcher zu trinken. Dazu werden in Buschenschänken gebratene Kastanien gereicht.

Ein frischer Schilcher zum Schweinsbraten, ein Gedicht. Ein frischer Schilcher zur Schinken- und Speckjause, ein freudiges Ereignis.

Reinhard P. Gruber, der weststeirische Literat, der mit feinsinniger bis zynischer Feder sich und seine Weststeirer beschreibt, sagt in seinem „Schilcher ABC": Wenn Wein, dann Schilcher, keine Halbheiten (R. P. Gruber: „Das Schilcher ABC", Literaturverlag Droschl, 1988).

Schilcher ist übrigens ein Jahrgangswein. Das heißt, er sollte getrunken werden, ehe der neue Jahrgang trinkreif ist. Und noch eine wichtige Schilcher-Weisheit: Dieser Wein sollte kalt getrunken werden.

Rund um den Schilcher wird viel Kult betrieben: von der Schilcherjause bis zum Schilcherlauf. Das eine hat mit dem anderen eher wenig zu tun, denn nach einer Schilcherjause wird ein leichter Lauf eher zu einem schweren Fall.

Der Stainzer Literatur-Schilcher

Eine Köstlichkeit im Schilcherland ist eine Veranstaltung, die von Reinhard P. Gruber ausgeht. Jedes Jahr lädt er Literaten in seine Schilcherregion ein, die an verschiedenen Orten Lesungen abhalten. Es wird gewandert, gelesen, diskutiert, getratscht und – natürlich Schilcher getrunken. Für diese Veranstaltung gibt es auch einen offiziellen Wein, den Literatur-Schilcher. R. P. Gruber, Wirte, Weinfreunde und Sommeliers führen eine Blindverkostung der besten Schilcher der Region durch und ermitteln damit ihren „Stainzer Literatur-Schilcher". Keine Frage, der Winzer, der diesen Ehrentitel schafft, hat wahrlich keine Mühe mehr, seinen Schilcher am Markt zu platzieren. Sein Schilcher wird mit einer eigenen Etikette versehen, auf der Sprüche des Gastautors stehen.

So waren bei den Lesungen unter anderen schon die Autoren Barbara Frischmuth, Felix Mitterer, Urs Widmer und Herbert Maurer dabei.

Der Flascherlzug zum Höllerhansl

Zwei Eigenheiten der Weststeiermark sind der „Höllerhansl" und der „Flascherlzug". Beide gehörten einst zusammen: mit der 1892 eröffneten Schmalspurbahn von Preding-Wieselsdorf bis Stainz. In der Nähe von Stainz „ordinierte" der Höllerhansl, eine Art Wunderdoktor, der beim bloßen Anblick von Urin sagen konnte, wo den Patienten der Schuh drückte. Johann Reinbacher vlg. Höllerhansl hieß der Mann aus Rachling. Er lebte von 1866 bis 1935. Von weit und breit reisten die Menschen mit der Schmalspurbahn zum Höllerhansl und trugen in ihren Taschen und Ranzen ihre Urinfläschchen mit. Nach Hause brachten sie eine Medizin, die ihnen der „Wunderdoktor" überreichte. Die Kräuter für seine Medizin bezog der Johann Reinbacher von der „Almlies", einer Art „Kräuterhex", die wegen ihres Aussehens von den Kindern nahezu gefürchtet wurde.

So hatte die Bahn ihren Namen „Flascherlzug“ erhalten. Der Name ist geblieben, der Personenverkehr der Bahn wurde nach dem Zweiten Weltkrieg eingestellt. Das war 1951. Der Güterverkehr wurde noch weitergeführt, dann aber am 30. September 1980 ebenfalls eingestellt. Die Gemeinde Stainz hat dann die Strecke gepachtet und 1999 auf einer neuen Trasse fehlende Teilstücke aufgebaut. Heute ist der Flascherlzug eine Touristenattraktion. Betrieben wird der Zug von einer rumänischen Dampflok. Als Reserve steht eine ungarische Dampflok parat. Die Originallok hatte nämlich einen Kesselschaden erlitten und ist zum Museumsstück mutiert. Der Flascherlzug verkehrt zwischen Stainz und Preding von April bis August (auch im November) und kann zusätzlich für Veranstaltungen gemietet werden.

Wir besuchen:

Kohnhauser „Spitzwirt“, Lieboch
Selchfleischspezialitäten Konrad, Lieboch
Hochstrasser – feine Destillate, Mooskirchen
Jagawirt, Reinischkogel
Bioalm-Wassermann, Reinischkogel
Gasthof Reinbacher, Reinischkogel
Florlwirt, Gundersdorf
Landgasthof Gerngroß, St. Stefan ob Stainz
Wein & Sektmanufaktur Strohmeier, Lestein, St. Stefan ob Stainz
Weinbau Oswald vlg. Trappl, Lestein, St. Stefan ob Stainz
Buschenschank, Weingut Lazarus, Langegg, St. Stefan ob Stainz
Schilcherweinbau Friedrich, Langegg, St. Stefan ob Stainz
Weingut Langmann vlg. Lex, Langegg, St. Stefan ob Stainz
Weinbau Hiden, Hochgrail, St. Stefan ob Stainz
Rauch-Hof, Stainz

Stainzerhof, Stainz
Weingut Jud, Stainz
Café Lex, Stainz
Weingut Ulz, Stainz
Schilcherlandhof, Stainz
Schlosstoni, Stainz
Kernöl Kumpusch, Stainz
Gasthof Engelweingarten, Stainz
Kirchenwirt, Bad Gams
Weststeirischer Hof, Bad Gams
Farmer-Rabensteiner vlg. Graf, Bad Gams
Weinbau Klug vlg. Jager, Bad Gams
Hofladen Weinbau Deutsch-Maier vlg. Eckschuster, Bad Gams
Schilchergut Koller vlg. Mosbauer, Bad Gams
Buschenschank Toni Peter vlg. Gregerbauer, Bad Gams
Gamser Winzerstube, Bad Gams
Biobauernhof 3 Finken, Bad Gams
Ölmühle Herbersdorf, Rassach
Fischzucht Gut Hornegg, Tobis
Andrea Sagmeister, Tobisberg

Kohnhauser „Spitzwirt"

Radlstraße 60, 8501 Lieboch
Telefon 0 31 36/62 496, www.kohnhauser.at
Geöffnet: Montag bis Freitag von 7 bis 24 Uhr
Samstag, Sonntag, Feiertag geschlossen

Wirt: Ernst Kohnhauser

Die Restaurantführer Österreichs preisen das Restaurant wegen seiner guten Küche und dem besonderen Ambiente. Das stimmt, von außen ist der „Spitzwirt" direkt nach der Autobahnausfahrt der A2 Lieboch nicht auf den ersten Moment als „gutbürgerlich" einzuschätzen. Doch der Parkplatz vor dem Haus ist groß, und wer eintritt, hat gleich ein Aha-Erlebnis. Es ist das Ambiente, das im ersten Moment besticht, und dann natürlich das Essen. Ernst Kohnhauser war in St. Moritz und an vielen anderen Top-Stationen in Europa als Koch tätig und hat da seine immense Erfahrung mit nach Hause gebracht. Mediterran, asiatischer Einfluss, viele heimische Produkte und eine kreative, schnörkellose Küche sind das A & O des Hauses. Am Stadtrand von Graz gelegen, ist der „Kohnhauser" zu einem Promitreff geworden. Sehr schön die Terrasse mit dem überdachten Gastgarten, wo im Sommer der Ernst Kohnhauser mit seinem Team immer wieder Grillabende veranstaltet.

Auf unserem Weg zur Erzherzog-Johann-Straße eine Adresse, an der man wirklich nicht vorbeikommt.

Artischocken-Böden mit Garnelen

400 g Artischocken-Böden, 200 g Garnelen, Olivenöl, Butter, Salz, Pfeffer

Mit einem starken Griff die Stiele aus den Artischocken drehen, die Blätter wegschneiden, die Härchen ausputzen und dann die Artischockenböden in feine Würfel schneiden. In heißem Olivenöl rasch anbraten, klein geschnittene Garnelen dazugeben. Salzen, pfeffern und servieren.

Selchfleischspezialitäten Konrad

Kainachstraße 55, 8501 Lieboch
Telefon 0 31 36/62 219, www.geselchtes.at

Warum ich bei der Familie Konrad am Beginn meiner Reise (oder vielleicht auch am Ende der Reise in Richtung Graz) einkehre? Nun, weil ich in meinen Büchern auch gerne Adressen von herausragenden bäuerlichen Betrieben bringe. Die Familie Konrad – da sind einmal die Eltern Gabriele und Otto, Sohn Markus mit Sabine und die Enkerln Carina und Jasmin – ist „echt steirisch-Botschafter" mit ihren Selchwaren geworden. Das ist aber noch nicht alles, die Konrads sind nicht nur gute Schweinezüchter und Veredler des Fleisches, sie sind auch Top-Rinderzüchter und vermarkten das Fleisch über ihren eigenen Hofladen. Viermal im Jahr gibt es frisches Rindfleisch. Mein Tipp: Rechtzeitig bestellen.

Der Hofladen ist geöffnet: Montag, Dienstag, Donnerstag und Freitag von 8 bis 13 und von 14 bis 19 Uhr.

Hochstrasser – feine Destillerie

Marktplatz 12, 8562 Mooskirchen
Telefon 0 31 37/22 32, Fax 22 32-5, www.schnaps.at

Es sind schon besondere Edelbrände, die im Hause Hochstrasser nun bereits in der dritten Generation hergestellt werden. Hinter jedem Schnaps steht eine gute Philosophie, höchste Qualität der Grundprodukte und eine sorgfältige Arbeit. Die fertigen Destillate können dann im wunderschönen hauseigenen Shop betrachtet, verkostet und gekauft werden. Hochstrasser steht allerdings nicht nur für feine Edelbrände und Schnäpse – berühmt ist ja der Marillenbrand –, sondern auch für Kulinarik im eigenen Wirtshaus. Bodenständig, steirisch ist das kulinarische Angebot. Wildfleisch kommt aus der eigenen Jagd, Kernöle aus der benachbarten Region. Das Haus Hochstrasser bietet 150 Sitzplätze, von der Schilcherschenke bis zum Hochzeitssaal.

Jagawirt am Reinischkogel

Sommereben am Reinischkogel
8511 St. Stefan ob Stainz
Telefon 0 31 43/81 05, Fax 810 54, www.jagawirt.at

Wirte: Maria und Werner Goach
Küchenchefin: Monika Winkler
Ölspur-Wirt

Ein Naturparadies mit einem Naturphilosophen, der allerdings zupackt wie kaum ein Zweiter, eine Wunderlandschaft an Gastlichkeit, eine innovative und doch so bodenständige Küche. Wenn ich über den Jagawirt am Reinischkogel schreibe, muss ich mich bei den besonderen Attributen ein wenig im Zaum halten. Es gibt so viel zu erzählen und so viel zu loben im Haus der Familie Goach.

Der Jagawirt ist ein uraltes Bauernwirtshaus mit Nebengebäuden, die allesamt zu romantischen Ferienwohnungen umgebaut wurden. Ideal für Seminare, aber auch für Kurzurlaube, denn die Wandermöglichkeiten

auf den Reinischkogel oder hinunter in die Schilchergegend rund um Stainz sind ideal.

Werner Goach ist ein Mensch mit Ideen, Visionen und praktischem Anpack. Er züchtet Waldschweine auf so natürliche Weise, dass den EU-Bürokraten Angst um die „Erhaltung" der von ihnen genehmigten Massentierhaltung werden könnte.

Der Werner baut Kürbisse an, pflegt und hegt sein Gemüse auf Hügelbeeten, brennt mit Horst Kleindienst feine Schnäpse und findet sogar noch Zeit, mit dem Motorrad und Gattin Maria auf Touren zu gehen. In der Küche geben Werner Goach und seine Schwester Monika Winkler den Ton an. Für größere Gruppen und gegen Vorbestellung wird manchmal sogar ein Spanferkel gebraten und auf einer Holztrage ganz spektakulär zu Tische getragen, um vor den Augen der Gäste geteilt zu werden. Übrigens: Monikas Mangoldtorte ist ein Gedicht. Unbedingt bestellen.

Koteletts vom Waldschwein mit Polentascheiben

4 Koteletts vom Jungschwein, Salz, Pfeffer, Thymian, Öl, 1 Zwiebel, grobe Brösel, 2 EL gekochter Reis, frische Kräuter

Die Koteletts salzen, pfeffern und mit Thymian würzen. Auf beiden Seiten in Öl anbraten. Fleisch herausnehmen und warm stellen. Zwiebel klein schneiden, anrösten, mit Bratensaft übergießen und gekochten Reis beimengen. Kurz durchkochen lassen, mit dem Stabmixer aufmixen und mit frischen Kräutern vermengen. Die Koteletts übergießen, mit groben Brösel bestreuen und im Rohr überbacken. Auf Teller legen und mit Polentascheiben servieren.

Polentascheiben

1 Teil Maisgrieß, 3 Teile Milch und Wasser, Salz, Muskat, rote und grüne Paprika, 3 EL Obers, Butter

Wasser und Milch aufkochen, den Maisgrieß einrieseln lassen, salzen, mit Muskat würzen, Feuer zurücknehmen und gut rühren. Obers beimengen und ziehen lassen. Gegen Ende der Garzeit fein geschnittene Paprika unterrühren. Eine Terrinenform mit Folie auslegen, die Polenta eingießen und kalt stellen. Dann herausnehmen, in Scheiben schneiden und diese in Butter anbraten.

Gasthof Wassermann

Sommereben 8 am Reinischkogel
8511 St. Stefan ob Stainz
Telefon 0 31 43/8113, Fax 81 13-4
www.wassermann-wirt.at

Wirte: Toni und Lydia Wassermann
Ölspur-Wirt

Die Bio-Alm Wassermann-Wirt am Reinischkogel ist auch so ein Herzeigebetrieb nach echt steirischer Art. Seit 1740 in Familienbesitz. Die siebente Generation ist also derzeit am Werk. Gasthof, Pension, Landwirtschaft, Weinbau, Rot- und Damhirsche auf 10 Hektar Wiesen. Es ist ein großes Werk, das von der Familie betreut werden muss. Sie erledigt die Arbeiten mit Liebe und Hingabe. Deshalb fühlt sich jeder Gast auch sofort gut aufgehoben, wenn er das Wirtshaus am Reinischkogel betritt. Lydia ist in der Küche tätig. Eine Köchin mit viel Kreativität und Sinn für das Bodenständige. Die meisten Produkte kommen von der eigenen Bio-Landwirtschaft, der Schilcher aus dem eigenen Weingarten am Hochgrail. Von der Blauen Wildbacher-Traube werden Schilcher, Frizzante, Traubensaft und Weinbrand in außerordentlicher Qualität hergestellt.

Das Wirtshaus bietet in drei gemütlichen Stuben rund 150 Sitzplätze an. 12 Zimmer, allesamt komfortabel ausgestattet, sind ebenfalls im Haus untergebracht.

Keule vom Bio-Hirschkalb mit Dinkel-Kürbis-Palatschinke

Hirschkeule zuputzen, mit Salz und Pfeffer würzen, in heißem Öl beidseitig anbraten. Fein geschnittenes Wurzelwerk sowie gehackten Thymian und Rosmarin zugeben. Nach kurzem Rösten mit etwas Suppe aufgießen, etwa zweieinhalb Stunden bei mäßiger Hitze zugedeckt dünsten. Fleisch herausnehmen, Bratenrückstand mit Rotwein und Preiselbeeren verfeinern und mit Maizena leicht binden. Keule aufschneiden und dekorativ mit Dinkel-Kürbispalatschinke anrichten.

Dinkel-Kürbis-Palatschinke

Teig: 1/8 l Milch, 1 Ei, 2 EL Dinkelmehl,
Salz, frische Kräuter
Fülle: 300 g Speisekürbis, 2 EL grob gehackte Kürbiskerne, 2 Eier, 1/4 l Sauerrahm, Salz, Pfeffer, Dill

Für die Palatschinken alle Zutaten zu einem Teig rühren und in heißem Öl dünne Omeletten herausbacken. Speisekürbis fein reiben und mit den Fülle-Zutaten mischen. Auf die Palatschinken streichen und einrollen. In Klarsichtfolie wickeln und in kochendem Wasser rund 30 Minuten ziehen lassen.

Gasthof Reinbacher

Sommereben 37 am Reinischkogel
8511 St. Stefan ob Stainz
Telefon 0 31 43/81 06, Fax DW 35
www.reinbacher-gmbh.at

Wirtin: Gabriele Ganster

Der Gasthof Reinbacher ist der Dritte im Bunde der guten Gasthöfe am Reinischkogel. Ein Haus mit familiärer Atmosphäre, in dem Herzlichkeit eine gute Tugend ist. Sie wird auch gelebt, diese Tugend. Die Küche ist saisonal abhängig, meist aber mit regionalen Produkten. Das Haus verfügt über schöne Zimmer, Dampfsauna, Hallenbad, über ein Biotop, eine schöne Liegewiese und rundum unendlich viel Natur. Das ist ja das Schöne der Weststeiermark, der Blick in diese traumhafte Landschaft zwischen hügeligem Weinland und den östlichen Hängen der Koralpe.

Gute Zufahrt, großer Parkplatz – alles da zum Erholen.

Gasthof Florlwirt

Gundersdorf 7, 8511 St. Stefan ob Stainz
Telefon 0 34 63/81 4 80, Fax 81 566

Wirte: Josef und Sabine Fuchs-Maierhofer

Das erste schmucke Schilcherdorf nach der Autobahnabfahrt Steinberg (Richtung Stainz) ist Gundersdorf. Ein Wirtshaus neben dem anderen, eine Buschenschank neben der anderen. Ich habe den Florlwirt ausgesucht. Eine typische steirische Gaststätte mit einer bodenständigen, regionalen Küche und vielen Mehlspeisen, die selbstverständlich im Hause zubereitet werden. Wer übernachten möchte, kein Problem. Da werden 13 Komfortzimmer und ein Ferienhaus für vier Personen angeboten. 120 Gäste haben im schmucken Wirtshaus Platz und wenn in der Gruppe ein Vegetarier mit dabei ist, dann gibt es keine Probleme, beim Florlwirt wird auch vegetarisch gekocht.

Schilcher-Pfandl

800 g Filet vom Turopoljew-Schwein, Salz, Pfeffer, Thymian, Öl, Butter
Schilchersoße: Zucker, eingelegte Pfefferkörner, 2 cl Schilcherbrand, 200 ml Kalbsjus, 10 g Pfefferfond aus dem Glas, 1/4 l Schilcher, etwas Obers

Zucker mit den abgetropften Pfefferkörnern karamellisieren. Mit Schilcherbrand ablöschen, Kalbsjus einrühren und etwas einkochen. Butter dazugeben, mit ein wenig Pfefferfond verfeinern und mit dem Schilcher auffüllen.

Die Filets in vier gleich große Stücke schneiden, in Öl und Butter anbraten und in die Pfeffersoße legen. Einige Minuten durchkochen, das Fleisch herausnehmen, die Soße mit Obers verfeinern, abschmecken, das Fleisch einlegen und kurz ziehen lassen.

Landgasthof Gerngroß

8511 St. Stefan ob Stainz
Telefon 0 34 63/8 11 88, Fax 811 88 15
www.landgasthof-gerngross.at
Ruhetage: Montag und Dienstag

Wirte: Josef und Ellen Gerngroß
Ölspur-Wirt

Dieser schmucke Landgasthof war das erste Wirtshaus in der Weststeiermark, über das ich als Journalist geschrieben habe. Das ist nun tatsächlich viele Jahre her und seitdem hat Josef Gerngroß in der Qualität seiner Küche nie nachgelassen. Das nenne ich eine große Leistung. Der Gasthof von Ellen und Josef Gerngroß befindet sich im schmucken Dorf St. Stefan gegenüber der Kirche. Praktisch am Tor zur Schilcher-Weinstraße. Josef Gerngroß ist nicht nur ein guter Koch, sondern auch Jäger, was sich dann auf der Speisekarte widerspiegelt. Der regionalen Küche hat sich das Haus verschrieben und verkündet den Gästen stolz, dass das Styria Beef vom Kienzerhof aus Trahütten kommt, das Weidelamm vom Demmerkogel,

Kürbisse von den Nachbargehöften, Weine auch aus der Produktion des Bruders und die Kräuter aus dem eigenen Garten. Josef und Ellen Gerngroß sind Wirte, die gerne auch Weine aus anderen Ländern anbieten – aus der Toskana beispielsweise. In erster Linie überwiegen jedoch heimische Kreszenzen.

Gemütlich ist der Gasthof eingerichtet und verfügt über vier gut ausgestattete Gästezimmer.

Wein & Sektmanufaktur Strohmeier

Lestein 148, 8511 St. Stefan ob Stainz
Telefon 0 3463/80 235, www.strohmeier.at

Winzer: Christine und Franz Strohmeier

Von der Autobahnabfahrt Steinberg kommend in Richtung St. Stefan ob Stainz fahren. Knapp vor dem Ort nach rechts Richtung Lestein abzweigen. Nach wenigen Kilometern liegt rechter Hand das sehr schöne Weingut Strohmeier. Die Vinothek im Hause ist praktisch täglich geöffnet.

Abgesehen davon, dass die Strohmeiers bereits einen internationalen Ruf genießen, sind sie für mich Winzer von außerordentlichem Format. Die produzieren ihre

Weine naturbelassen – das heißt rein biologisch – ohne Schönung, ohne Aufbesserung. Sie zeigen, was in den Schilchertrauben steckt. Großartig! Die Devise im Haus „weniger ist mehr" gilt auch für den Keller. Abgezogen werden die Weine durch Gefälle, nicht durch Pumpen. Der Sekt entsteht durch Flaschengärung und gerüttelt wird per Hand.

Bei Strohmeier wird gezeigt, dass Schilcher rosé auch lagerfähig sein kann. Und zwar Mitteregg, Lestoá und Hochneuberg. Neben Weißburgunder, Sauvignon blanc und Zweigelt (teilweise wird ohne Schwefel gearbeitet) ist für mich der Lestoá Rot von außerordentlicher Qualität und Größe. Die Sekte und der Prädikatswein „Ganz a' Siassa" gehören zu den Top-Produkten der Steiermark. Leider – zu früh ausverkauft. Also, schnell sein beim Bestellen.

Weinbau Oswald vlg. Trappl

Lestein 40, 8511 St. Stefan ob Stainz
Telefon 0 34 63/81 082, www.trapl-schilcher.at

Eduard Oswald ist ein Schilcherwinzer mit Herz und Leidenschaft. Seine Philosophie: „Hier machen wir nur, was die Natur uns vorgibt." Auf drei Hektar werden Blauer

Wildbacher und Klevner produziert. Man sagt, der Schilcher von Trapl sollte jung und frisch getrunken werden. Doch die Qualität der Trauben entwickelt sich Jahr für Jahr immer mehr und so reifen im Keller der Familie Oswald besondere Schilcher hervor, die auch schon zahlreiche Preise erringen konnten.

Dem Weinhaus ist auch eine Buschenschank angeschlossen. Eine gemütliche Bauernstube, ein Kachelofen, eine gute Jause, dazu der hauseigene Schilcher. Was will ein Feinschmecker mehr?

Weingut Buschenschank Lazarus

Langegg, Schilcherweinstraße 20
8511 St. Stefan ob Stainz
Telefon 0 3463/6200, www.weingut-lazarus.at

Bei Strohmeier waren wir schon, jetzt geht es Lestein entlang hinauf auf 570 Meter Seehöhe zur Buschenschank und zum Weingut Lazarus. Auch ein Musterbetrieb, der mit seinen Weinen und dem Schilchersekt vielfach ausgezeichnet wurde. Auf neun Hektar Weinland wird in erster Linie Schilcher angebaut. Doch auch Weißweinsorten wie Morillon, Sämling, Weißburgunder, Welschriesling und Gelber Muskateller sind im ausgezeichneten Lazarus-Programm. Die Lage des Betriebes ist einmalig: Von den schönen Gästezimmern aus gibt es einen wunderbaren Blick über die gesamte Weststeiermark. Hier aufzuwachen und die ersten Sonnenstrahlen zu genießen ist ohne Zweifel ein besonderer Genuss.

In der Buschenschänke ist meist Montag und Dienstag Ruhetag. Wann die Schänke geöffnet ist, entnimmt man dem Internet oder es genügt ein Anruf bei der Familie.

Schilcherweinbau Friedrich

Langegg 18, 8511 St. Stefan ob Stainz
Telefon 0 3463/81 2 52, www.friedrich-schilcher.at

Winzer: Christian und DI Isabella Friedrich

Die Preise, die die Familie Friedrich für ihre Schilcher im Laufe der Zeit erhalten hat, sind eindrucksvoll: Schilcher-Landessieger 2009 (1996 sind sie übrigens das erste Mal Landessieger geworden). Es sind zwar nur drei Hektar Weinland, die angebaut werden, doch der Schilcher aus diesen Reben ist von großer Güte. Aus der Blauen Wildbacher-Traube werden Rosé-Weine, Rotweine und Sekt produziert. Im Ab-Hof-Verkauf werden auch wunderbare Marmeladen, Schilchergelees und hauseigenes Kernöl angeboten. Letzteres ist ebenfalls eine Qualitätsbombe.

Weingut Langmann vlg. Lex

Langegg 23, 8511 St. Stefan ob Stainz
Telefon 0 34 63/61 00, Fax DW 4, www.l-l.at

Winzer: Familie Langmann vlg. Lex

Dieses Schilcher-Weingut ist schon weit mehr als 200 Jahre im Besitz der Familie Langmann vlg. Lex. Die Zufahrt erfolgt wieder über St. Stefan ob Stainz und Lestein oder über Stainz und Marhof Richtung Lestein-St. Stefan. Ein Musterhaus mit wunderschönen Winzerzimmern und noch schönerem Ausblick über das Land, mit einer gemütlichen Buschenschank und vor allem mit tollen Weinen. Langmann-Reben wachsen fast bis in 600 Meter Seehöhe auf den Rieden Langegg, Hochgrail und Greisdorf. Schon oft hat die Familie – derzeit ist Junior Stefan der Weinmacher des Hauses – mit ihren Kreszenzen Siege bei diversen Weinpräsentationen und Bewerben gewonnen. Langmann zeigt, was ein Schilcher vermag. Doch es gibt auch andere klassische Weißweine, die hier gedeihen: vom Morillon bis zum Gewürztraminer. Bei den Rotweinen ist es nicht nur die Blaue Wildbacher-

Traube, aus der Klassik und Reserve gebaut werden, sondern auch ein Blauer Zweigelt von großer Güte.

In der Buschenschank vom Kübelfleisch bis zu den Strauben hausgemachte, bäuerliche Spezialitäten. Strauben-Rezepte gibt es übrigens viele – jede Familie hat da so ihre eigene Machart. Hier ein Rezept, das immer gelingt:

Strauben

250 g glattes Mehl, 2 Dotter, 1 Ei, 1 EL Staubzucker, 1/2 Pkg. Vanillezucker, 1 EL Süßrahm, Rum, Prise Salz, Schilcher rosé, Butterschmalz und Staubzucker zum Bestreuen

Aus Mehl, Ei und Dotter, Staubzucker, Vanillezucker, Salz, Rum, Rahm und einem guten Schuss Schilcher einen Teig rühren und kneten. Er sollte eher fest sein. Mit einem Tuch zudecken und 30 Minuten rasten lassen. Den Teig auf einer bemehlten Fläche dünn ausrollen und Rechtecke ausradeln. Jedes Rechteck in der Mitte dreimal einschneiden und den Teig ineinander ziehen. Im Butterschmalz backen, abtropfen lassen und mit Staubzucker bestreuen.

Weinbau Franz Hiden

Höllerhansl, Hochgrail 66, 8511 St. Stefan ob Stainz
Telefon 0 34 63/81 8 17, Fax 82 447
www.weingut-hiden.at
Buschenschank geöffnet: März bis November

Franz und Maria Hiden

Das Ehepaar Hiden führt das Weingut im ehemaligen Hause des Höllerhansl, von dem in der Einleitung zu dieser Reise die Rede war. Auf rund vier Hektar Weinland werden in erster Linie Schilcher und klassische Weißweine wie Morillon, Muskat-Sylvaner oder Weißburgunder angebaut. Top-Qualitäten. Auch in der Buschenschank, wo das Geselchte als Jause ein besonderer Schmaus ist. Dass der Ausblick über das Land von Hochgrail aus ebenfalls top ist, soll nicht unerwähnt bleiben.

Rauch-Hof

Wald 21, 8510 Stainz
Telefon 0 34 63/28 82, Fax 21 27, www.rauch-hof.at
Geöffnet: Mittwoch bis Sonntag ab 11 Uhr
Küche mittags und abends
Ruhetage: Montag, Dienstag. Ist Montag ein Feiertag, verschieben sich die Ruhetage auf Dienstag und Mittwoch.

Karin und Willi Rauch
Ölspur-Wirt

Zwei Wege führen mich zum Rauch-Hof: Vom Jagawirt talabwärts über Marhof nach Wald, oder von Stainz, Ortsmitte beim Kaufhaus Hubmann, abzweigen. Nach einigen Kilometern kommt der Musterhof echt steirischer Wirtshaustradition direkt an der Straße. Gegenüber wohnt der weststeirische Literat mit dem unermüdlichen Augenzwinkern, der wie kein anderer den Menschen tief in die Seele blicken und das Erfahrene dann auch niederschreiben kann.

Den Rauch-Hof habe ich vor Jahren durch einen Deutschen kennen gelernt. Ich war vom ersten Moment an verliebt in das Wirtshaus: In die Atmosphäre und das Angebot. Willi und Karin Rauch sind so sympathische und kompetente Wirtsleute, dass es mir jedes Mal Freude bereitet, dort einkehren zu dürfen. Eine Übernachtung habe ich noch nie geschafft. Dabei wollte ich so gerne hier ein paar Tage ausspannen: Es gibt da einen hauseigenen Badeteich, Garten, Felder (eigener Spargel, eigene Kürbisse) und Wanderwege ohne Ende.

Das Essen begeistert mich – dafür ist die Karin zuständig. Die Weinauswahl ist toll. Bei Willi erkundige ich mich immer nach neuen Weinen, neuen Winzern. Er weiß alles, er organisiert auch das Rosé-Wein-Festival mit und ist nicht nur, was den Schilcher angeht, ein Hansdampf in allen Gassen. Hätten wir doch nur in Österreich viel mehr Wirtinnen und Wirte wie das Ehepaar Rauch. Ich darf aber nicht so dick auftragen, denn Karin und Willi haben zwar Selbstbewusstsein genug, sind jedoch, was Lob anlangt, eher bescheiden. Die Rauch-Signale, die dieses Haus verlassen, haben viele Freunde erreicht und erfreut.

Ein tolles Haus, einer jener Tipps, die ich mit Vergnügen und großer Freude weitergebe.

Hotel Stainzerhof

Grazer Straße 2 und 4, 8510 Stainz
Telefon 0 34 63/21 15 o. 23 78, www.stainzerhof.at
Ruhetage: Sonntagnachmittag und Montag

Wirt: Bernd Messner

Der Stainzerhof ist ein mächtiger Gasthof, der das Zentrum von Stainz – nämlich die Einfahrt von Graz kommend – beherrscht. Aus der Geschichte des Hauses ist bekannt, dass hier einmal eine Brauerei und Lebzelterei untergebracht war. Der Großvater des derzeitigen Besitzers hat das Doppelhaus 1958 gekauft und schon 1967 hat es Bernd Messner übernommen. Es ging immer stets bergauf mit dem Geschäft, weil es der Wirt verstand, sein Haus ständig auf die neuen Gegebenheiten einzustellen. Ein wunderschönes Haus, außen und innen. Der Inbegriff von „bürgerlicher Gastronomie". Gediegen, freundlich, sauber – samt Haushund.

Dass sich der Stainzerhof für Familienfeiern eignet, geht schon aus den Hochzeitsereignissen hervor, die hier immer wieder stattfinden. Platz ist genug – auch für eine größere Gästeschar. Und weil der Stainzerhof auch Zimmer hat – komfortable, versteht sich –, ein idealer Ort, um nach der Feier noch einige Tage in Stainz auszuspannen. Die Küche ist weststeirisch bodenständig, mit internationalen, kreativen Ausflügen.

Da der Stainzerhof Mitglied der steirischen Weingasthöfe ist, kann sich das Weinangebot sehen lassen. Der Chef ist ein Weinfreund par excellence und ich habe ihn schon dann und wann auch in Friaul in einem Weinkeller getroffen.

Lammnüsschen im Kürbis-Kräutermantel

Pro Person 3 Lammnüsschen à 60 g,
Salz, Pfeffer, Thymian, Öl
Panade: Mehl, 2 Eier, 6 EL Kürbiskerne grob gemahlen, etwas Brösel, frische Kräuter aus dem Garten

Die Lammnüsschen zwischen Klarsichtfolie vorsichtig klopfen. Salzen, pfeffern und mit Thymian würzen. Erst in Mehl wenden, dann in verquirltes Ei tauchen und schließlich in die mit frischen, fein gehackten Kräutern gemischten Kürbiskerne wälzen. Unter die gemahlenen Kürbiskerne kann auch ein wenig Brösel gegeben werden.

In heißem Öl herausbacken und mit frischen Blattsalaten servieren. Die Blattsalate werden natürlich mit Kernöl mariniert.

Weingut Buschenschank Jud

Schilchergasse 8, 8510 Stainz
Telefon 0 34 63/23 44, www.weingut-jud.istsuper.com

Winzer: Erich Jud

Über 100 Jahre ist die Familie Jud bereits in Stainz daheim und nun wird schon in der dritten Generation Wein angebaut. Unter anderem auch im Schlossweingarten, den Erzherzog Johann schon in Besitz gehabt hatte und der vor Jahren wieder eine Renaissance erlebte. Den Paradewein im Hause Jud gibt es aber von der Riede Kothvogel – den Schilcher-Tröpfler.

Im Hause Jud – erreichbar von Stainz in Richtung Bad Gams – werden nicht nur die Weine, sondern auch hausgemachte Jausen in einer Buschenschank angeboten. Feine Brände und Liköre ergänzen das Programm.

Café Lex

Café-Bäckerei, Hauptplatz 19, 8510 Stainz
Telefon 034 63/22 28, Fax 33 16
Geöffnet: 6.30–20.30 Uhr, Dienstag bis 13 Uhr,
Samstag, Sonn- und Feiertag 9–20.30 Uhr

Wirt: Franz Lex

Für die Zitronentorte reisen die Leute von weit an – die gibt es nur an Wochenenden. Ich reise nie durch Stainz, ohne in dieses Kultcafé einzukehren. Erstens wegen der Kommunikation – dort trifft man sich, zweitens wegen der guten Mehlspeisen und drittens weil der Kaffee hier schmeckt. Er ist italienisch. So wie der Wirt, Cafetier und Konditormeister: Er ist gerne in Italien und zeigt in seinem kleinen Laden vor dem Eintritt in das Kaffeehaus italienische Genüsse. Ein Tante-Emma-Laden der hohen Qualität sozusagen. Auf der einen Seite die Vitrine mit den herrlichen Süßigkeiten aus dem Hause Lex, auf der gegenüberliegenden Seite die Weine, die Olivenöle, die Essige, die eingelegten Peperoncini, hausgemachte Nudeln – bella Italia.

Bella ist es auch, wenn man den Illy-Café schlürft: An der Theke kostet die Tasse etwas weniger, als am Tisch serviert. Wie in Italien.

Das Lex ist ein Kultcafé – aus oben genannten Gründen und weil die Wände voll sind mit Werken von Brus, Mühl, Schmalix, Panzer und vielen anderen bekannten Grafikkünstlern. Sitzen zwischen Bauern, Händlern, Künstlern, Schülern, Ölspur-Bürgermeistern und anderen ganz normalen Österreichern. Cremeschnitte, Schaumrolle, Plundergebäck, Antipasti, Weine – plaudern und schmausen. Lex ist eine angesagte Adresse.

Cremeschnitte

500 g Blätterteig, 1/2 l Stainzer Milch,
50 g Vanillecremepulver, 1 Vanilleschote,
100 g Zucker, 1 Dotter, 1/2 l Schlagrahm, 60 g Ribiselmarmelade, 100 g Zuckerglasur, etwas Mehl

Blätterteig auf einem bemehlten Brett dünn ausrollen und mit einer Gabel mehrmals anstechen. Auf ein mit Backpapier belegtes Blech legen und im Rohr bei 210 Grad 10 Minuten anbacken und bei 180 Grad etwa 15 Minuten fertig backen. Den gebackenen Blätterteig auskühlen lassen und in 10 Zentimeter breite Streifen schneiden. Einen Streifen mit Ribiselmarmelade dünn bestreichen und mit dem warmen Zuckerguss glasieren. Der Zuckerguss wird auch Fondant genannt. Ist der Guss fest geworden, können gleich große Stücke geschnitten werden.

Die Vanillecreme mit etwas Milch und Dotter glatt rühren. Die restliche Milch mit dem Zucker erhitzen und die angerührte Creme einrühren. Das Mark aus der Vanilleschote herauskratzen und mitkochen lassen. Die Creme abkühlen, auf Blätterteig streichen, darüber Blätterteig legen und wieder eine Schicht auftragen. Ganz oben wird das glasierte Blätterteigstück gelegt.

Man kann auch Schlagrahm steif schlagen und statt der Vanillecreme die Teigblätter damit füllen. Vielleicht etwas eingeweichte und gut ausgedrückte Gelatine unterheben und kühl stellen.

Weingut Ulz

Hauptplatz 2, 8510 Stainz
Telefon 0 34 63/22 16

Winzerin: Karin Ulz

Sie war steirische Weinkönigin und wurde so mit dem Weinbau langsam vertraut. Im Betrieb ihrer Eltern Alfred und Josefine wuchsen ihre Kenntnisse und auch die Begeisterung für den Wein. Jetzt ist Karin Reiterer-Ulz Kellermeisterin von Format und ihre Weine von den Rieden Scheibermichl und Eichegg haben Klasse. Im Hause Ulz gibt es von der Blauen Wildbacher-Traube nur Rotwein. Basta. Erhältlich im eigenen Geschäft namens „Steirischer Weinladen“, in Stainz am Hauptplatz. Dort gibt es andere gute Tröpferln aus der gesamten Steiermark, Kernöl, Knabberkerne, Honig und vieles mehr.

Schilcherlandhof

Hauptplatz 13–15, 8510 Stainz
Telefon 0 34 63/23 57, Fax 23 57-71
www.schilcherlandhof.at
Immer geöffnet

Wirte: Familie Schaar
Ölspur-Wirt

In Stainz treffe ich nur außergewöhnliche Menschen. Ein guter Schlag ist das, tüchtig sind sie, sie haben den Ort zu einem Schmuckstück gemacht und verstehen es, mit Charme, Einsatzfreude und viel Arbeit auch Erfolg zu haben. Die Familie Schaar gehört dazu. Gabi Schaar führt mit Engagement das Kommando und versucht, in dem großen Haus mit den Stüberln und dem großen Saal immer höchste Qualität zu bieten. Nicht einfach, denn die Familie Schaar hat ein großes Angebot: Zimmer, Platz für Gruppen, Familienfeiern, Gesellschaften, Firmenfeiern, dazu die hauseigene Fleischhauerei. Der Schilcherlandhof ist das dominierende Wirtshaus am Hauptplatz von Stainz. Ein schmuckes Haus mit großem Hof und Gastgarten. Mitten in Stainz, mitten im Geschehen und doch so ruhig. Im gesamten Haus ist Platz für rund 400 Gäste, klar dass Gabi Schaar das Haus zusätzlich für Seminare adaptiert hat.

Gefüllte Erdäpfel mit Kürbiskernkäse

600 g Erdäpfel, Salz, Pfeffer,
150 g steirischen Kürbiskernkäse, Oregano, Thymian, Basilikum, 2 TL frischer Topfen, 5 Cocktailparadeiser

Die festkochenden Erdäpfel (eher kleine verwenden) in Salzwasser kochen, abgießen, ausdampfen lassen, noch warm schälen und auskühlen. Dann der Länge nach halbieren und die Hälften mit einem Kugelausstecher (Pariserlöffel) oder einem Kaffeelöffel vorsichtig aushöhlen.

Käse in Würfel schneiden, die Kräuter fein hacken, die Cocktail-Paradeiser in kleine Stücke hacken. Käse, Kräuter, Topfen und Paradeiser mischen. In die Erdäpfelhälften füllen und im Rohr gratinieren.

Gasthof Schlosstoni

Pichling 66, 8510 Stainz
Telefon 0 34 63/22 90, Fax 63 32 0 17
www.schlosstoni.at

Familie Zarfl
Ölspur-Wirt

Dieser schöne Gasthof liegt direkt an der Radlpass-Bundesstraße in der Ortschaft Pichling. Also nicht zu verfehlen. In der warmen Jahreszeit liebe ich den Gastgarten. Nicht nur weil er schön gepflegt wird, sondern wegen des grandiosen Ausblicks auf Schloss Stainz. Der Gasthof teilt sich in einen neuen und alten Teil. Im alten Schlosstoni ist ein sehr idyllisches Kellerstüberl. Da kann man schon mit einigen Freunden aufkreuzen, denn Platz ist für rund 30

Personen. Im neuen Teil des Hauses ist ein Veranstaltungssaal, in dem 80 Personen Platz haben. Dazu kleinere Stübchen. Wichtig ist die Küche. Sehr regional und bodenständig, sehr gut. Backhendl sind der Hausklassiker, Suppe mit Heidensterz gehört zu dieser Küchentradition.

Paprizierte Kürbiscremesuppe

3/4 l Rindsuppe, 1/4 l flüssiges Schlagobers,
1 gehackte Knoblauchzehe, 1 EL gehackte Zwiebel,
Butter, 2–3 TL Paprika edelsüß,
200 g Kürbis, 80 g Erdäpfel,
eine Prise Kümmel, Salz, Pfeffer, Weißbrotwürfel

Die Paprikamenge kann je nach gewünschter Farbe variieren.

Butter zerlassen, Zwiebel und Knoblauch beifügen, weich dünsten.

Erdäpfel, Kürbis und Paprika hinzufügen. Mit Rindsuppe ablöschen und kochen lassen, bis der Kürbis weich ist. Flüssiges Schlagobers beigeben und nochmals einkochen lassen. Mit dem Stabmixer pürieren oder durch ein Sieb passieren.

Die Suppe abschmecken. Ein kleines Häubchen Schlagsahne daraufsetzen und paar geröstete Kürbiskerne und mit ein paar Tropfen Kürbiskernöl servieren.

Kernöl Kumpusch

Ettendorf 18, 8510 Stainz
Telefon 0 34 63/20 13

Marianne Kumpusch

Kernöl, der „Schilcherland Knusper-Genuss“ und die hausgemachten Nudeln von der Familie Kumpusch bei Stainz habe ich am Schilcherland-Bauernmarkt in Deutschlandsberg kennen gelernt. Am Hof der Familie Kumpusch habe ich dann auch noch Eier von Freilandhühnern gekauft. Dort befindet sich übrigens eine Sammel- und Verpackungsstelle für Mitgliedsbetriebe der Freilandhaltung.

Gasthof Engelweingarten

Max-Gschiel-Straße 41, 8510 Stainz
Telefon 0 34 63/23 81, www.engelweingarten.at
Achtung: 2009 geschlossen

Wirte: Familie Hösl
Ölspurwirt

Das ist auch so ein Halleluja-Platzerl, das Wirtshaus Engelweingarten. Von Stainz in Richtung Bad Gams fahren und dann geht es bei Kothvogel nach rechts weg in Richtung Engelweingarten. Noch ein Stück höher, auf über 600 Meter Höhe, ist auch die Stainzer Warte, ein Aussichtsturm. Das Wirtshaus Engelweingarten ist jedoch alleine schon ein Aussichtsplatz zum Träumen. So weit das Auge reicht, die herrliche Landschaft der Weststeiermark bis hin zur Oststeiermark mit den Vulkanhügeln rund um Riegersburg, dann der Blick in die feine Hügellandschaft der Südsteiermark. Ob von der Veranda, der Terrasse oder von den Fenstern des Hauses, jeder Blick schafft Genuss.

Leider hat das Haus im Jahr 2009 geschlossen. Aber vielleicht gibt es wieder eine Eröffnung.

Ich will auf keinen Fall auf diesen Platz verzichten.

Die Geschichte über den Engelweingarten und die Herkunft der Gaststätte ist interessant. Es war nämlich die Familie Angelis, die um 1700 aus Italien einwanderte und in Stainz ein Wirtshaus führte. Josef Angelis hatte 1826 von der sogenannten Staatsherrschaft einen zum aufgelassenen Augustiner-Chorherrenstift in Stainz gehörigen Weingarten gekauft. Daher der Name „Engel", der deutschsprachige Ausdruck von Angelis. Das Gasthaus Engelweingarten wechselte im Lauf der Geschichte den Besitzer und wurde schließlich 1971 vom Ehepaar Johann und Anna Hösl erworben. Der Betrieb wurde mehrmals um- und ausgebaut. Dass er geschlossen ist, hat private Gründe.

Kirchenwirt

Bad Gams 20, 8524 Bad Gams
Telefon 0 34 63/23 37, www.kirchenwirt-nabernik.info
Geöffnet: 8–24 Uhr, Sonntag bis 17 Uhr
Montag Ruhetag

Wirt: Familie Nabernik

Mitten im Ort Bad Gams liegt dieser stattliche Gasthof, in dem eine weststeirische Hausmannskost geboten wird. Da gibt es Flecksuppe und Backhendln, natürlich Feines aus der Wiener Küche, Kürbis- und Schilcherschmankerln. Das Mehlspeisenangebot ist enorm. Ich empfehle die Schilchertorte, die ein wahrer Genuss ist (man sollte halt die Kalorien wegdenken). Das Haus verfügt über eine gemütliche Gaststube, ein Extrazimmer und einen Speisesaal. Ideal also auch für Familienfeiern, auch Busgruppen sind hier gut aufgehoben.

Weststeirischer Hof

Müllegg 40, 8524 Bad Gams
Telefon 0 34 63/21 34, www.weststeirischerhof.at
Montag Ruhetag

Wirte: Familie Klaus Kalthuber

Von Bad Gams nach Müllegg ist es nur ein kurzer Weg und zum Weststeirischen Hof ist die Anfahrt gut angeschrieben. Eine empfehlenswerte Adresse ist dieser Weingasthof mit Vinothek, mit beachtenswerter Küche, mit schönen Zimmern und der Möglichkeit, hier Seminare oder Tagungen abzuhalten. Ich bin durch Christoph Wagner, den unermüdlichen Schreiber über Österreichs Küche, auf den Weinhof aufmerksam geworden. Nicht nur Ambiente und die Umgebung sind toll, sondern wie gesagt auch die Küche. Weil sie Vielfalt bietet: von weststeirischen Schmankerln mit Grundprodukten der bäuerlichen Betriebe rund um den Hof bis zum Vitalgericht für Wellness-Typen. Die Weinauswahl ist enorm, der Weinkeller samt Vinothek sehenswert.

Forellen-Cremesuppe

1 geräucherte Forelle aus weststeirischer Teichwirtschaft, Butter, Mehl, 2 EL Crème fraîche, Weißwein, Zitronensaft, Salz, Pfeffer, Weinbrand,
1/2 l Fisch- oder klare Gemüsesuppe

Mehl und Butter anschwitzen, bis es eine hellgelbe Farbe erhält, die Suppe einrühren und einige Minuten köcheln lassen. Geräucherte Forelle tranchieren – Filets auslösen und in Streifen schneiden. Die Suppe mit Weißwein, Zitrone, Salz, Pfeffer und einen Schuss Weinbrand abschmecken. Crème fraîche unterrühren, die Fischstreifen dazugeben und noch einige Minuten köcheln lassen. Mit Butter montieren und mit Kürbiskernbrot servieren.

Farmer-Rabensteiner vlg. Graf

Furth 8, 8524 Bad Gams
Telefon 0 34 63/31 07, www.kuerbiskernoel.at

Familie Farmer-Rabensteiner

Wo immer ich Messen oder Ausstellungen besuche, bei denen Köstlichkeiten zu kaufen und zu verkosten sind, ist die Familie Farmer-Rabensteiner dabei. Wer den Hof selbst besucht, eine Führung mitmacht und die vielen Produkte sieht, die aus Kürbiskernöl und aus Kürbiskernen erzeugt werden, der stellt sich die Frage: Woher nimmt die Familie diese Energie? Aus dem Kernöl, wird der Chef blitzschnell antworten. Was mich fasziniert, sind auch die Kosmetikprodukte auf Basis des hochwertigen Kernöls: handgerührte Kürbiskernöl-Seife, Kernöl-Lippenbalsam, Kernöl-Creme. Natürlich das vielfach prämierte und auch mit dem Prädikat „echt steirisch-Botschafter“ ausgezeichnete Kernöl selbst.

Der hauseigene Hofladen bietet so viele Dinge – vom Kunsthandwerk bis zu den Schilcher-Weinen von 16 Weinbauern aus Bad Gams –, dass man nicht weiß, wo man zuerst hingreifen soll. Eine Fundgrube für Menschen, die sich gerne etwas Gutes tun wollen und vor allem für jene, die gerne etwas schenken, das auch Sinn macht.

Weinbau Klug vlg. Jager

Feldbaum 61, 8524 Bad Gams
Telefon 0 34 62/543, E-Mail: wein.forst@direkt.at

Von Bad Gams – meist vom Kurpark aus – führen diverse Themenwege in die landschaftlich schöne Umgebung. Ob es ein Schilcherweinweg ist, ein Weinberg-Rundweg, ein Genuss-Spazierrundweg, ein Kürbis-Spazierrundweg, ein Schilcherkellerweg, ein Winzerweg oder ein Mondschein-Wanderweg – für Romantiker, Weinfreunde, Jausen-Gäste und Wanderer mit kräftigen Wadln ist so allerhand an Angebot dabei.

Mich hat es zum Weinbauernhof Klug geführt, eine Familie, die ja auch für das Kunsthandwerk der Töpferei nicht unbekannt ist. Es geht von Bad Gams in Richtung Feldbaum hinauf. Der Betrieb ist ein reiner Schilcher-Weinbau, also alles aus der Blauen Wildbacher-Traube. Vom Frizzante bis zum Schilcher-Weinbrand.

Hofladen Weinbau Deutsch-Maier vlg. Eckschuster

Wildbachweg 16, 8524 Bad Gams
Telefon 0 34 62/77 27, www.deutsch-maier-wein.at

Winzerin: Monika Deutsch

Der Wildbachweg liegt zwischen Bad Gams und Deutschlandsberg, ebenfalls in einer schönen Aussichtslage. Ein altes, weststeirisches Bauernhaus aus dem 18. Jahrhundert, das mit viel Liebe restauriert wurde. Im Gewölbekeller hat die Winzerin einen Ab-Hof-Laden eingerichtet, der wirklich besuchenswert ist. Das Haus verfügt über einladende Winzerzimmer. Alles in allem ein Ort zum Entspannen. Die hauseigenen Weine sind süffig (Achtung!) und gut. Nicht nur Schilcher, auch Weißburgunder oder Chardonnay werden angeboten. Originelle Geschenksideen im Hofladen.

Beim Deutsch-Maier beginnt ein Wein-Rundwanderweg. Der dauert offiziell 2 1/2 Stunden, die Einkehrschwünge nicht eingerechnet. Der Wanderweg ist jedoch schön angelegt, führt am Brabeck-Haus vorbei und endet wieder beim Deutsch-Maier.

Bad Gamser Schilcherweinsuppe

1 Zwiebel, Butter, Mehl, Zucker, Zimt, 1/8 l Schilcher, 100 ml Obers, 1 l Rindsuppe
Einlage: 2 Scheiben Schwarzbrot, Butter, Salz, Knoblauch, Petersilie

Zwiebel fein schneiden und in etwas Butter anschwitzen, einen Teelöffel Zucker und etwas Zimt dazugeben. 2–3 EL Mehl dazugeben und hell anschwitzen, mit dem Schilcher ablöschen, mit Obers verfeinern und mit Rindsuppe aufgießen. Zitronenschale, Salz und Pfeffer beimengen, aufkochen und dann rund 20 Minuten köcheln lassen. Durch ein Sieb streichen. Für die Einlage Schwarzbrot in Würfel schneiden und mit Butter, Salz, Knoblauch und fein gehackter Petersilie rösten.

Schilchergut Koller vlg. Mosbauer

Feldbaum 35, 8524 Bad Gams
Telefon 0 34 62/29 23, www.koller-wein.at

Winzer: Johann und Christine Koller

Steillagen, extrem würde ich sagen. Harte Arbeit für die Familie Koller in rund 500 Meter Seehöhe, ihre Blauen Wildbacher-Reben sorgfältig zu bearbeiten. Sie tun es mit Hingabe und Freude. Die Ergebnisse können sich trinken lassen. Da entstehen Weine mit den wohlklingenden Namen wie „Brillant" – das ist der weißgepresste oder auch gleichgepresste Schilcher – oder „Insieme" (gemeinsam), wie der Sekt genannt wird. Den Rotwein aus der Rebe nennen sie „Granat", was nicht nur die Farbe bezeichnet. Damit sind wohl auch die Geschmacksexplosionen am Gaumen gemeint. Das Weingut befindet sich seit mehr als 150 Jahren im Besitz der Familie Koller, und der Keller mit den großen, uralten Holzfässern ist so sehenswert, wie die Kreszenzen munden.

Buschenschank Toni Peter vlg. Gregerbauer

Gersdorf 21, 8524 Bad Gams
Telefon 0 34 63/33 54, www.weinbautonipeter.at
Geöffnet: April an Wochenenden
Mai bis Ende Oktober Dienstag bis Sonntag 12–23 Uhr

Winzer: Toni Peter

Klein, aber fein: Seit Mitte des 18. Jahrhunderts befindet sich das Weingut in Gersdorf im Besitz der Familie Peter. 1997 hat Toni Peter den Betrieb übernommen und versucht als Weinbau- und Kellermeister die Qualitäten der Blauen Wildbacher-Traube ständig zu verbessern. 3,5 Hektar umfasst das Weinland der Familie Peter und neben Schilcher und Blauer Wildbacher werden noch Morillon und Weißburgunder angebaut.

Sehr nett die Buschenschänke: in einer gemütlichen Stube rund um den Kachelofen oder draußen unter dem Kirschbaum oder einer überdachten Terrasse.

Der Toni Peter ist auch Teil des Schmankerlweges von Bad Gams. Er führt zu Farmer-Rabensteiner (Kernölpresse), Deutsch-Maier, Kirchenwirt oder Weststeirischer Hof und zur Gamser Winzerstube. 45 Minuten Gehzeit, Dauer der Strecke mindestens vier Stunden.

Gamser Winzerstube

Bergegg 35, 8524 Bad Gams
Telefon 0 34 63/24 53, www.gamser.winzerstube.at
Geöffnet: Mai bis Oktober 14–22 Uhr
Dienstag und Mittwoch Ruhetage

Wirte und Winzer: Eva und Franz Deutschmann-Sengwein

Die Gamser Winzerstube ist weitum bekannt und beliebt. Kunststück, ist doch die Lage herrlich (rund 10 bis 20 Minuten Fußmarsch von Bad Gams, ein Huscher mit dem Auto), das Ambiente zum Verlieben, die Wirtsleute sympathisch und das Angebot erstaunlich. Der Wein ist hausgemacht: Weißburgunder, Schilcher und auch Zweigelt. Da gibt es alles: Verhackert, eine zünftige Brettljause, Geselchtes, Aufstriche, duftendes Brot – hausgemacht. Bei einem Besuch empfehle ich, gleich im Gästehaus Quartier zu reservieren. Ich habe in den schönen Zimmern zwar selbst noch nicht gewohnt, doch die Aussicht von der Gamser Winzerstube ist toll und ich denke mir, nach einem romantischen Abend im Gastgarten eine gute Nacht und das Aufwachen mit den Strahlen der Morgensonne, ein kräftiges Frühstück: Das ist doch eine Reise wert.

Biobauernhof 3 Finken

Bergegg 45, 8524 Bad Gams
Telefon 0 664/222 14 41, www.drei-finken.at

Bäuerin: Waltraud Fink

Dieser Biobauernhof in Bergegg ist eine Wohltat: Freundliche Bewirtung, wunderbare Bio-Produkte. Da wird Bio gelebt und nicht zerredet oder gar aufdringlich zelebriert. So ist das, so leben wir, so produzieren wir: Natürlich, sorgfältig und mit Demut. Der Bauer betreibt eine Bio-Weidelamm-Zucht und pflegt einen kleinen Karpfenteich, die Bäuerin führt das Haus mit Gästezimmer (behindertengerecht). Von den Drei Finken kenne ich die besten Weihnachtskekse, die ich je verzehrt habe. Die Waltraud kann backen, dass es eine wahre Freude ist. Nicht nur Weihnachtsgebäck. Vom Haus wird auch ein Buffet-Service angeboten, nicht groß, aber gut. Bis zu 50 Personen kann die Waltraud mit ihren vorzüglichen Aufstrichen, Salaten, Brötchen, Jausen und Backwaren versorgen. Für mich mehr als ein Geheimtipp.

Brotbacktage sind Mittwoch und Donnerstag, mehr möchte ich nicht verraten …

Karpfenfilet gebraten mit Knoblauchnudeln

2 geschröpfte Karpfenfilets aus den steirischen Teichwirtschaften, Salz, Pfeffer, Zitronensaft, Mehl, Sonnenblumenöl
Bandnudeln, Öl, Salz, Pfeffer, Knoblauch, Obers, Butter

Die geschröpften Fischfilets (Rückgrat im Abstand von je einem Millimeter bis knapp auf die Haut einschneiden, damit die Gräten essbar sind), würzen, mit Zitronensaft beträufeln und in Mehl wenden. In heißem Öl braten. Erst mit der Hautseite nach unten in das Öl legen.

Für die Knoblauchnudeln: Bandnudeln bissfest kochen. In einer Pfanne Öl und etwas Butter heiß werden lassen. Gehackten Knoblauch dazugeben und gleich die Nudeln einlegen. Durchschwenken, mit Obers verfeinern, noch einmal durchschwenken und eventuell mit grüner Petersilie garnieren.

Hollerstrauben

1/4 l weißgepresster Schilcher, 2 Eier, 50 g Zucker, 250 g Mehl, 1 Prise Salz

Alle Zutaten in einer Schüssel mit dem Schneebesen gut durchmischen und eine halbe Stunde rasten lassen. Hollerblüten waschen und abtropfen lassen. Die Blüten in den Teig tauchen, abtropfen lassen und in heißem Öl rasch ausbacken. Auf einen Rost legen und das Öl abtropfen lassen, anzuckern und genießen.

Ölmühle Herbersdorf

Herbersdorf 9, 8510 Rassach
Telefon 0 664/410 80 97 oder 0 34 63/70002
www.oelmuehle.herbersdorf.at

Gernot und Ing. Uli Becwar

Die Ölmühle Herbersdorf ist ein Schmuckstück unter den weststeirischen Ölmühlen. Von Stainz aus fährt man in Richtung Preding und kommt nach wenigen Kilometern nach Herbersdorf. Nahe der Mühle bleibt auch der Flaschlzug stehen. Die kleine Mühle mit drei Mitarbeitern ist in erster Linie Lohnmühle für die Bauern der Umgebung.

Dass sich in Herbersdorf einmal ein prächtiges Schloss befand, lehrt uns die Geschichte. Doch als es 1648 an das Stift Stainz verkauft wurde, war das triste Schicksal besiegelt. Im Stift Stainz hatte man scheinbar andere Sorgen und damit kein Interesse an Herbersdorf und ließ das Schloss samt dem dazugehörenden Meierhof verfallen. Schließlich wurde die Ruine gänzlich abgetragen und die Steine dienten etlichen Bauern als willkommenes Baumaterial.

Heute steht auf diesem Grund das Anwesen der Ölmühle. Gernot vlg. Kernöleierspeis-Bürgermeister Becwar und seine liebe Gattin Uli betreiben im Keller eine bezaubernde Lokalität, in der nicht nur aufgekocht, sondern in dessen Gewölbe auch Theater gespielt wird.

Uli Becwar versteht es, das hervorragende Kernöl auch gut zu verpacken. Ihre Öldosen sind mit „schuld“, dass ich junge Leute zum Genuss von Kernöl überreden konnte. Was wie GTX-Öl verpackt ist, schluckt sich scheinbar leichter. Gernot Becwar ist Bürgermeister von Rassach und der Obmann der Vereinigung „Steirische Ölspur“.

Kernöleierspeis

4 Eier, 1 TL Butter, Kernöl, Salz, Pfeffer

Nach Art des Kernöleierspeis-Bürgermeisters:
Die Eier aufschlagen und in einer Schüssel mit dem Schneebesen gut durchrühren. In einer Pfanne Butter heiß werden lassen. Die Eimasse eingießen und mit einer Gabel etwas rühren. Salzen und pfeffern. Kommt die Masse ins Stocken, dann wird das Kernöl darüber gegossen und noch einmal mit der Masse verrührt. Wie ein Omelett auf einen Teller geben und in der Mitte zusammenschlagen.

Fischzucht Gut Hornegg

Tobis 1–3, 8504 Preding
Telefon 0 31 85/23 04, 0 650/433 51 76
www.gut-hornegg.at
Ab-Hof-Verkauf, auf Grazer Märkten erhältlich
Juli, August und September ist Sommerpause

Fischereimeister Heinrich Holler

Das Gut Hornegg kann auf eine lange Geschichte zurückblicken. 1230 wurde eine mittelalterliche Wehranlage erwähnt und die Burg selbst wurde vom Geschlecht der Hornecker errichtet, die als Lehensherren von Salzburg gekommen waren. Die Familie Holler, die jetzt Eigentümer ist, hat 1939 das Gut erworben und der Vater von Fischereimeister Heinrich Holler, Jörg, und dessen Gattin Therese haben aus den mittelalterlichen Teichen mit großem Aufwand und noch mehr Liebe eine Fischzucht gestaltet, die heute für mich zu den besten des Landes zählt. Heinrich Holler ist der intakten Natur verbunden und so züchtet er Bio-Fisch. Seine Eltern haben mich zum Karpfenfan „erzogen", wofür ich ihnen ewig dankbar bin. Denn der steirische Karpfen ist für mich ein Winterfisch, der sich bis in den März hinein auf meiner persönlichen Speisekarte findet.

Heinrich Holler stehen neben seiner Philosophie noch folgende naturtechnische Merkmale zur Seite: Die Teiche liegen zumeist in Wäldern und werden von Bächen mit klarem Wasser gespeist. Heinrich Holler legt Wert auf geringen Fischbesatz, denn jeder Fisch – auch wenn er für uns Gourmets dann geschlachtet wird – braucht seinen Lebensraum. Nur so kann er sich natürlich entwickeln und wird dann auch zur Köstlichkeit.

Es gibt Karpfen, Amur, Zander, Hecht, Schleie, Rotfeder, Rotauge, Wels – um nur die wichtigsten der Bio-Fische des Guts zu nennen.

Überbackener Fisch à la Creme

600 g Fischfilet, Mehl, 3–4 Frühlingszwiebel, 200 g Crème fraîche, 2 TL Dijon Senf, 1 TL Honig, Olivenöl, Cognac, Zitronensaft

Filets portionieren, mit Zitrone und Salz marinieren. Trocken tupfen, in Mehl wälzen, in eine geölte feuerfeste Form geben. Die Filetstücke sollen nicht ganz zusammenstoßen. Die Frühlingszwiebel in feine Ringe schneiden und darüber streuen. Crème fraîche mit Senf, Honig und Cognac aufschlagen. Die Fische mit dieser Creme bedecken, eine Prise Paprikapulver oder zerdrückten roten Pfeffer darauf streuen. Im Rohr bei 200 Grad 20 Minuten backen.

Andrea Sagmeister

8503 Tobisberg 34, Telefon 0 31 36/830 68
www.sagmeisters.at

Andrea Sagmeister

Die Gegend ist traumhaft: schön, ruhig und doch nicht entlegen. Autobahnabfahrt Lieboch, Richtung Dobl, nach einigen Kilometern rechts abzweigen. Der Weg ist nicht einfach, aber Tobisberg ist doch zweimal angeschrieben. Tobisberg ist nicht am Rande der Welt, aber doch abgelegen. Auf dem Kamm einer schönen Hügelkette mit herrlichem Rundum-Blick. Andrea Sagmeisters Hof liegt fast am höchsten Punkt und genießt daher einen Traumblick. Wenn sie für den überhaupt Zeit hat, denn die kreative Bäuerin verarbeitet die Früchte der Landwirtschaft zu feinen Gelees, Chutneys, Marmeladen, Säften und zu Sirup der ungewöhnlichen Art. Es sind ihre Mischungen, die verblüffen. Keine großen Chargen werden eingekocht, Topf für Topf, die Früchte verlesen, nur das Beste wird verwertet. Atemberaubend ihre aromatischen Sirups wie Flieder oder Lavendel. Ein paar Tropfen in einen weststeirischen Sekt und schon entwickeln sich am Gaumen kleine Geschmacks-Explosionen. Andrea hält auch Koch- und Backkurse ab, ist auf feinen Messen wie dem Salone del Gusto in Turin (die Welt-Slow-Food-Messe) vertreten und ihre Produkte finden sich in den besten Feinkostläden Österreichs.

Reise 2

Die Ölspur und andere Kuriositäten

Von Stainz nach Deutschlandsberg, die Schilcherstraße nach Eibiswald, die Hofkäsereien, Kitzeck und der steilste Weinberg, Ölspur-Mühlen, Ölspurwirte, das Sulmtaler Huhn, die Genussregionen „Steirisches Kürbiskernöl“ und „Weststeirisches Turopoljeschwein“

Je tiefer ich in das Phänomen Erzherzog Johann eintauchte, umso erstaunter wurde ich. Was für ein moderner Mensch, was für eine Tatkraft, welch starker Wille zur Umsetzung und doch, was für eine Natürlichkeit steckte in diesem Menschen. Ein Beispiel: Erzherzog Johann war als Wanderer und Bergsteiger viel unterwegs. Nicht nur im Ausseerland, in erster Linie natürlich in der Weststeiermark. Wenn er Berge oder Anhöhen bestieg und von dort aus seine Blicke über das Land schweifen ließ, da schwärmte er über seine Steiermark: „... da wiederhole ich immer: Nichts über Dich, o Steiermark."

Aussichtswarten

Entlang der Wein- & Kulturreise Erzherzog Johann begegnen wir ständig Aussichtswarten, von denen aus der Blick über das Land besonders mächtig und eindrucksvoll ist. Über die Stainzerwarte in 608 Meter Höhe habe ich bereits berichtet. Doch hier eine Auflistung aller Aussichtspunkte und Türme bis Marburg/Maribor: Demmekogel (671 m), Silberberger Aussichtswarte (405 m), Kreuzkogelwarte (496 m), Kreuzbergwarte (633 m), Schlossbergwarte Montikogel (633 m), Lubekogel (570 m), Razgledni Stolp Plački Vrh (510 m), Sveti Urban/St. Urban (597 m).

Das Erzherzog-Johann-Bauernhaus

Wo immer ich in der Weststeiermark unterwegs war, hat man mir alte, zum großen Teil wunderbar restaurierte Bauernhäuser gezeigt und darauf hingedeutet, das sei ein Erzherzog-Johann-Bauernhaus. War er also auch Architekt? Nein, als moderner Mensch entwickelte er eine starke soziale Einstellung zum Leben „seiner" Untertanen. Aufgabe der von ihm gegründeten Landwirtschaftsgesellschaft war es, die Wohnverhältnisse der bäuerlichen Bevölkerung zu verbessern. Das begann bereits 1820, es ging schließlich nach langen Untersuchungen und Versuchen das Jahr 1835 ins Land, bis der erste Entwurf einer Bauordnung feststand, und es dauerte noch einmal bis zum Jahre 1857, bis die „Bauordnung für das Herzogtum Steiermark" erlassen wurde. Doch erste Erfolge ließen 1829 den Erzherzog Johann zart frohlocken: Die Stuben in den Häusern seien „geräumiger, lichter, luftiger, folglich gesünder". Wie schön die Häuser in die Landschaft passen und das Bild der Weststeiermark prägen, zeigt sich vor allem in Rassach. Von Stainz in Richtung Deutschlandsberg auf der B 76 führt der Weg direkt durch Rassach. Hofläden, Straßenstandln – bekannt geworden ist der „Schilcherlandkorb" mit den typischen Produkten der Region. Er wird in Rassach in den Hofläden verkauft und ist ein ideales Geschenk für Feinschmecker.

Vom Ziegeldach zum Tondach aus Gleinstätten

Bis 1829 war das Strohdach auf Bauernhäusern gang und gäbe. Für Bauern eine harte Sache, denn ein Strohdach war teuer und kostete zudem Ernte, da es ja ständig ausgebessert werden musste. Die Fläche für die Strohernte ging ab, um Futter für Schweine, Hühner oder Rinder anzubauen. 1828 gründete Erzherzog Johann eine Brandschadenversicherung. Deren erste Tätigkeit war es, Schäden zu verhindern. Also förderte sie die Errichtung von feuerfesten Ziegeldächern. In den Ziegeleien sind damals die ersten Koksöfen in Betrieb genommen worden und die erlaubten eine industrielle Erzeugung von Dachziegeln. Das Ziegelwerk in Gleinstätten geht auf diese moderne Entwicklung zurück. Es wurde 1880 gegründet. Erst wurden Wohnbauten und dann auch Wirtschaftsgebäude mit gebrannten Ziegeln eingedeckt. Die Feuerschäden gingen stark zurück. Vor allem durch eine neue Bauweise der Scheunen: Die Heuräume wurden belüftet. An der Giebelseite wurden mit Ziegel geschmückte offene Fenster eingebaut, die teilweise heute noch erhalten sind. Dadurch sank auch die Brandgefahr bei der Heutrocknung.

In der Ziegelei Tondach Gleinstätten sind Führungen möglich, dort kann das geschichtliche Wissen über die Entstehung von Ziegeldächern aufgefrischt werden (www.tondach.com).

Die Ölspur

Die Ölspur beginnt in St. Stefan ob Stainz und endet in Eibiswald. Dazwischen liegt das Anbaugebiet des weststeirischen Kürbis. Gemeinden, Ölmühlen und Wirte haben sich schon vor Jahren zur Interessengemeinschaft zusammengeschlossen und pflegen ein Ziel: die edle Vermarktung des Kernöls. Erreicht wird dieses Ziel durch eine besondere Kulinarik, die in den Küchen der Ölspurwirte umgesetzt wird, durch öffentliche Veranstaltungen wie den Ölspurlauf, Raderlebnis-Tage, Kürbisfeste und vor allem die „Kürbinarischen Wochen". Deren Eröffnung wird jährlich im Sommer mit einem kleinen, feinen Gourmetfest begangen. Ich habe die Ölspur über einen Deutschen kennen gelernt, der mir den Beginn der Spur bei Willi und Karin Rauch in Stainz gezeigt hat. Von dort lernte ich langsam Station für Station kennen und schätze die Arbeit und die Ideen aller Beteiligten an dieser Kooperationsgruppe. Vor allem Gernot Becwar, umtriebiger Obmann der Ölspur, hat mir Begeisterung für das Kernöl in mein Herz gesetzt.

Genussregion weststeirisches Kernöl

Nach der Ölspur und deren Mitgliedern habe ich natürlich noch weitere Ölproduzenten kennen- und schätzen gelernt. Echtes Kernöl erkennt der Käufer – so wird behauptet – erst einmal am Preis. Das schwarze Öl mit dem herrlich nussigen Geschmack wird aus den Kernen des steirischen Ölkürbis gewonnen (Cucurbita pepo var. Styriaca). Die geschichtliche Entwicklung ist ja überall nachzulesen. Wichtig für den Konsumenten sind folgende Kennzeichen, die ein original steirisches Kürbiskernöl auszeichnen und von Ölen aus ungarischen oder gar chinesischen Kürbiskernen unterscheiden: die Bezeichnung „Steirisches Kürbiskernöl g.g.A." (geschützte geografische Angabe) plus eine Banderole (weiß-grün) am Verschluss der Flasche. Steirisches Kürbiskernöl wurde von der EU geografisch geschützt und wird im „Erzeugerring Steirisches Kürbiskernöl g.g.A." organisiert. Den Titel Genussregion erhielt die Weststeiermark 2006. So ein Kernöl kann nicht unter 14 Euro pro Liter verkauft werden, da die Produktion, Pressung und Verpackung schon ins Geld geht. 2009 muss für ein Kernöl zwischen 17 und 22 Euro pro Liter bezahlt werden.

Mut zur Langsamkeit – Ren(n)t a Traktor

Oldtimerfreunde in Stainz haben alte Traktoren mit viel Liebe wieder auf Vordermann gebracht, errichteten in Kothvogel, Gemeinde Stainz, ein Traktormuseum und bieten eine erlebnisreiche Touristen-Attraktion an: Traktoren können gemietet werden, für Menschen, die zumindest ein paar Stunden „ihre Lebensgeschwindigkeit auf 15 Stundenkilometer drosseln wollen" – so heißt es von den Initiatoren dieser Aktion. Geworben wird mit dem Slogan „Ren(n)t a Traktor". Das Traktormuseum kann besichtigt werden.

Nähere Auskünfte unter www.traktormuseum.at

Was für ein Schwein

Schon was gehört vom Turopoljeschwein? Nein, wir haben ja schon genug Zeit benötigt, um das Mangalitzaschwein wieder in unser Erinnerungsvermögen aufzunehmen. Aber das Turopolje … Benannt ist diese Schweinerasse nach der Region „Turopolje“, die in Kroatien zwischen Zagreb und Sisak liegt. Es sind Freilandschweine. Unkompliziert, wie man so schön sagt. Das Turopolje-Schwein verträgt Kälte, Hitze, ist resistent gegenüber den üblichen Schweinekrankheiten, kann sich das ganze Jahr im Freien aufhalten. Ein ideales Tier für Biobetriebe. Es kann bis zu 250 Kilo schwer werden und was für uns Gourmets wichtig ist: herrlicher Speck, wunderbares Fleisch. In der Weststeiermark haben sich etliche Bauern der Interessengemeinschaft zur Erhaltung dieser gefährdeten Haustierrasse zusammengeschlossen und großartige Erfolge erzielt. Das ging so weit, dass diese Region zur „Genussregion Weststeirisches Turopoljeschwein“ ernannt wurde. www.genuss-region.at

Das Sulmtaler Hendl

Es ist ja immer schon so gewesen: Die Bauern haben gute Produkte erzeugt, Haustiere auf natürliche Weise gezüchtet und Boden, Klima sowie Nahrungsangebot in die richtige Rassenauswahl einfließen lassen. Die Reichen – in der Monarchie waren es die Fürstenhöfe oder gar der kaiserliche Hof – haben sich die besten Genussmittel liefern lassen. Dazu gehört das „Sulmtaler Hendl“ – eine Freiland-Hühnerrasse im Sulmtal, ein rund 50 Kilometer langes südsteirisches Tal von der Koralm bis zur Mur. Breit, fruchtbar und daher ideal für die Landwirtschaft. Wenn das Huhn „Sulmtaler Kaiserhuhn“ bezeichnet wird, dann hat das natürlich mit der Genussbotschaft zu tun. Dieses Huhn ist seit dem 17. Jahrhundert an die Kaiserhöfe Europas geliefert worden. Heute erlebt das Sulmtaler Hendl eine gewaltige Renaissance und die Züchter setzen vor allem auf den Kapaun. Kapaune sind kastrierte Masthähne. In Europa sind die Bresse-Kapaune aus Frankreich begehrt

und berühmt. Sie erhalten nun aus dem Sulmtal Konkurrenz, denn Slow Food hat das Sulmtaler Hendl in die Arche des Geschmacks aufgenommen. Dafür war Manfred Flieser verantwortlich. Der Slow-Food-Chef von Österreich ist geradezu vernarrt in Sulmtaler Hendl und jedes Mal, wenn ich darüber mit ihm plaudere, warnt er mich vor Kochexperimenten: „Gebraten, nur so schmeckt das Sulmtaler optimal." Ich gebe ihm recht. Leider sind die Sulmtaler Hendln Mangelware, weil der Run auf dieses extrem gute Fleisch so groß ist. Doch die Sulmtaler machen für ihr Produkt Werbung in halb Europa. Nicht schlecht. Doch sollte mehr Geld in die Förderung der Zuchtbetriebe und damit in das Produkt gesteckt werden als in das Marketing. Ich habe am Salone del Gusto in Turin erlebt, dass die Sulmtaler die Nachfrage nicht einmal ansatzweise befriedigen konnten. Toll für sie, schlecht für das Image der Marke.

Infos unter www.sulmtaler.at

Die Rohmilch-Käse-Kaiser

Unter die kulinarischen Kuriositäten entlang der Wein- & Kulturreise Erzherzog Johann sind auch die Hofkäsereien einzureihen. Hier vor allem die Käsekünstler Deutschmann und Masser, sie haben sich der Verarbeitung von Rohmilchkäse verschrieben. Ihre Produkte sind so gut, dass die Nachfrage enorm ist. Probleme könnten Hofkäsereien wie Deutschmann, Masser, Tax (Piberegg) oder Edler (Edelschrott) nur durch neue bürokratische Schranken der EU bekommen.

Einer der besten österreichischen Käseproduzenten ist die Bio-Hofkäserei Deutschmann in Frauental (www.hofkaeserei-deutschmann.at). Franz Deutschmann muss man nicht extra vorstellen, seine Produkte erreichen bei allen Prämierungen die höchsten Auszeichnungen. Noch besser sind jene, die von den Kunden stammen: Deutschmann-Käse ist begehrt – er schmeckt einfach köstlich.

Deutschlandsberg

Deutschlandsberg ist die Bezirkshauptstadt der Weststeiermark. Die Stadt nimmt an dem EU-Projekt der Wein- & Kulturreise Erzherzog Johann nicht teil. Ich werde jedenfalls Deutschlandsberg nicht überspringen, denn dort ist ja der Rotwein aus der Blauen Wildbacher-Traube besonders ausgeprägt. Die Deutschlandsberger haben mit Susegana

im Veneto eine Städtepartnerschaft geschlossen. Der Hintergrund: die Blaue Wildbacher-Rebe. Sie wird in diesem Gebiet des Veneto verstärkt angebaut und die Weine aus dieser Traube sind gehaltvoll, kräftig, fruchtig, aber auch samtig und gefällig am Gaumen. Das Weingut des Schlosses Collalto sei hier besonders erwähnt. Der Hauptplatz von Deutschlandsberg mit den historischen Gebäuden, die Burg aus dem Mittelalter, die Weingärten, die bis in die Stadt hineinreichen – das alles sind Kleinode, die es zu besichtigen gilt. Die Stadt zählt über 8.200 Einwohner und der Bezirk umfasst 40 Gemeinden. Ich habe Deutschlandsberg natürlich über den Blauen Wildbacher und dann über den Burgegger Schinken sowie den Käseerzeuger Mago kennen gelernt. Dass sich in Deutschlandsberg große Ölmühlen wie Leopold und Hamlitsch befinden, werde ich in der Folge noch beschreiben. Herausragend im wahrsten Sinne des Wortes ist die Burg Deutschlandsberg, in der ein Hotel und ein Restaurant untergebracht sind. Ursprünglich ist erst die Burg und dann darunter die Siedlung errichtet worden. Der stadteigene Weingarten beginnt unterhalb der Burg und reicht bis in die Wohnsiedlung hinein. Auf 1,5 Hektar Weinland wird hier nur Blauer Wildbacher angepflanzt.

Kitzeck, Österreichs höchstes Weinbaudorf

Der Weg führt uns weiter hinein in die Südsteiermark zu einem anderen Kuriosum: Österreichs höchste Weinbaugemeinde. Sie heißt Kitzeck und befindet sich im Sausal. Was heißt Österreichs höchster Weinanbau: Mit 564 Meter Seehöhe ist Kitzeck das höchstgelegene Weinbaugebiet Mitteleuropas. Allerdings, wer die Tendenzen neuer Weinanbaugebiete durch den Klimawandel beobachtet, sieht in Österreich da und dort schon höher gelegene Anbauflächen – sie werden der Zone Bergwein zugeordnet. Ich denke da an den Winzer Holzfeind in Kötschach-Mauthen in Kärnten. Keine Angst, liebe Kitzecker, das sind noch Spielereien in Sachen Weinanbau. Doch wer weiß, wohin das Klima uns noch führt. Kitzeck ist eine schmucke Gegend. Schöne Häuser, gepflegte, furchtbar steile Weingärten. Eine bäuerliche Musterlandschaft. In Steinriegl ist das 1. Steirische Weinbaumuseum untergebracht. Es ist ein Winzerhaus aus dem 17. Jahrhundert, in dem die Schauobjekte des Weinanbaus und der bäuerlichen Küche ausgestellt sind. Da ist eine Rauchkuchl zu sehen und eine Dokumentation widmet sich dem Weinanbau zur Zeit Erzherzog Johanns.

Silberberg, die Kaderschmiede der steirischen Winzer

Auf dem Weg in Richtung Leibnitz befindet sich eine der besten Weinbauschulen in Mitteleuropa: die Weinbauschule Silberberg. Die Kaderschmiede der steirischen Winzer. Nicht nur Schule, sondern auch Weinbaubetrieb besonderer Qualität und Servicestelle für den steirischen Weinbau. Der Name leitet sich von Graf Heinrich von Silberberg ab, der durch die Einheirat in die Familie der Herren von Leibnitz 1331 an den Ort kam, an dem sich heute die Weinbauschule befindet. Überspringen wir Jahrhunderte und kommen zur Einschleppung der Reblaus und der Peronospora. Das war Ende des 19. Jahrhunderts. In der Steiermark wurden zahllose Weingärten vernichtet. Aus der Chronik der Schule geht hervor, dass der steirische Landtag 1895 das Gut Silberberg gekauft hatte mit der Überlegung, dort eine Landeserbanlage für Rebstöcke sowie eine Ausbildungsstätte für Weinbauern zu errichten. Der erste Winzerkurs begann am 1. März 1896 und dauerte neun Monate. 1920 wurde Silberberg eine Landes-Obst- und Weinbauschule. Und mit der Eröffnung der Obstbaufach-

schule 1971 in Gleisdorf konzentrierte sich Silberberg ausschließlich auf die Ausbildung zum Weinbau- und Kellermeister. Das Weingut hat eine Größe von 25 Hektar und setzt sich aus den Landesweingütern Silberberg, Kitzeck, Schlossberg, Remschnigg und Glanz zusammen. Das Gut ist vor allem wegen der Weißweinsorte bekannt und streift auch immer wieder Preise für besonders qualitätsvolle Tröpferln ein.

Die Schilcherweinstraße bis Eibiswald

Im Grunde genommen beginnt die weststeirische Schilcherstraße in Ligist und führt in ihrer ersten Strecke bis Stainz. Von Stainz schließlich führt die weitere Schilcherstraße ins Gamsgebirge nach Bad Gams bis Wildbach und schließlich nach Deutschlandsberg. Von dort geht es nach Hollegg zum Schloss mit dem Arkadenhof aus der Renaissance – der kann nur Sonntagvormittag zum Kirchgang besucht werden. Über Schwanberg und die Kürbisgemeinde Wies führt uns der Schilcher in die südliche Weststeiermark. Wernersdorf mit den Emmauswinzern ist genauso zu besuchen wie Eibiswald selbst. Hier ist von Kärnten aus gesehen die Eintrittspforte in das Weinland der Südsteiermark. Dahin begeben wir uns in der nächsten Reise.

Wir besuchen:

Wurzingerhof, Wildon
Weingut Domäne Müller, Groß St. Florian
Kaminstub'n, Deutschlandsberg
Burghotel, Deutschlandsberg
Stöcklpeter, Deutschlandsberg
Kollar-Göbl, Deutschlandsberg
Ölmühle Leopold, Deutschlandsberg
Weingut Resch, Stadtweingut
Wein & Käs, Deutschlandsberg
Mago Handwerkskäse, Deutschlandsberg
Buschenschank Lamperti, Deutschlandsberg

Landhaus Oswald, Groß St. Florian
Weingut Jauk, Pölfing-Brunn
Jägerwirt, Pölfing-Brunn
Martinhof, St. Martin im Sulmtal
Berghof-Vital, St. Peter im Sulmtal+
Kernölmühle Lorenz, St. Martin im Sulmtal
Koralpenblick, Trathütten
Alpengasthof Lenzbauer, Glashütten
Keltentaverne Koschak, Heimschuh
Weingut Thomas Strohmaier, Pölfing-Brunn
Weingut Wohlmuth, Kitzeck
Weinhof Kappel, Kitzeck
Weingut, Buschenschank Lorenz, Kitzeck
Weingut, Buschenschank Schauer, Kitzeck
Weingut Lambauer, Kitzeck
Weingut, Buschenschank Albert, Kitzeck
Kirchenwirt, Kitzeck
Café-Restaurant Wohlmuth-Lückl, Kitzeck
Weingut, Buschenschank Warga-Hack, Kitzeck
Weingut und Buschenschank Felberjörgl, Kitzeck-Demmerkogel
Ölmühle Labugger, Lebring
Gasthaus Schweinzger, Lebring
Hofladen Jauk, Frauental
Karpfenwirt, St. Martin i. S.
Schmankerlstub'n Temmer, Tillmitsch
Gasthof Zur schönen Aussicht, Wies
Weingut Jöbstl, Wernersdorf
Brennerei Jöbstl, Wernersdorf
Hasewend's Kirchenwirt, Eibiswald

Wurzingerhof

Wurzing 70, 8410 Wildon
Telefon 0 31 82/32 32, www.wurzingerhof.at
Geöffnet: ganztägig, Küche mittags und abends
Dienstag und Mittwoch Ruhetage

Wirt: Manfred Trummer

Als in Wien der Gerer noch im „Corso" auf Glanztour war, da hat ein steirisches Bürscherl namens Manfred bei ihm gearbeitet und unendlich viel gelernt. Der Manfred Trummer kehrte heim nach Wildon, in sein Wirtshaus, wo er typisch steirisch, mit etwas Eleganz aufkocht. Und wenn je nach Saison ein besonderer Abend gefeiert wird, dann zeigt der Manfred die bei Reinhard Gerer gelernte Raffinesse. Das sind dann wahre Erlebnisabende, wobei der Manfred immer danach trachtet, niemals abzuheben. Der Wurzingerhof in Wurzing (etwas außerhalb von Wildon) ist ein Prachtstück von altem Wirtshaus. Da gibt es noch eine Naturkegelbahn, Loambudl genannt, dann eine Hausbar, ein Extrazimmer für kleinere Feiern bis 40 Personen, einen Gastgarten und natürlich einen Spielplatz. Ist ja der Wirt Vater zweier süßer Kinder. Übrigens, für Feiern steht auch ein Partyraum (maximal 80 Personen) zur Verfügung. Wenn der Wirt es einmal in seinem Wurzing nicht aushält, dann kocht er für ein paar Tausend Leute am Rathausplatz in Wien, wenn es heißt: „Steiermark-Frühling". Dort habe ich ihn kennen gelernt und war verblüfft, wie man auf so einem Platz in einem Zelt eine derart qualitätsvolle Küche zustande bringt.

Lammrücken mit Erdäpfelgröstl

Zwei Lammrücken je 200 g schwer, Oregano, Thymian, Rosmarin, Knoblauch, Öl, Salz, Pfeffer,
1/8 l klare Rindsuppe, Mehl zum Binden
Gröstl: 600 g Erdäpfel, Salz, Pfeffer, Öl

Lammrücken mit einem scharfen Messer von Sehnen, Haut und Fett befreien, mit Salz, Pfeffer und den Kräutern gut einreiben. In einer Pfanne Öl heiß werden lassen und darin den Lammrücken rundum gut anbraten und im Rohr bei 180 Grad fertig garen.
Die gekochten und geschälten Erdäpfel reiben und in heißes Öl legen (wie eine Palatschinke). Beidseitig braten. Stücke herausschneiden und zum Lammrücken servieren.

Weingut Domäne Müller

Grazer Straße 71, 8522 Groß St. Florian
Telefon 0 34 64/21 55, Fax 21 16 25
www.domaene-mueller.at

Winzer: Eva und Günter Müller

Die Domäne Müller Gutsverwaltung gehört zu den großen Weinbaubetrieben der West- und Südsteiermark: Auf verschiedenen, berühmten Rieden hat das Winzerehepaar seine mehr als 36 Hektar Weingärten. So auf der Ried Zieregg in Berghausen, auf der Ried Burgegg in Deutschlandsberg das „Prinz Liechtenstein'sche Weingut" oder das „Gut am Ottenberg". Jede dieser Rieden ist bekannt für die gute Lage, das besondere Mikroklima und die Qualität der Weine. Das wird auch von den Müllers so gepflogen: Der typisch steirisch fruchtige Geschmack und ein konsequent trockener Ausbau herrscht bei den Weinen dieser Domäne vor: vom Schilcher – von dem mit Trauben der Riede Burgegg der große Rote „Out of Red" ausgebaut wird – bis zu den südsteirischen Klassikern wie Sauvignon blanc oder Chardonnay. Vom Sauvignon blanc ist die „Private Reserve" hervorzuheben – ein Wein, des-

sen Trauben von der Ried Deutsche Weingärten in der Südsteiermark stammen. Im Barrique ausgebaut, versprühen die Jahrgänge (nur besondere Jahre erreichen die von der Domäne dafür gesetzten Normen) etwas ganz Besonderes. Diese Weine kosten ihren Preis. Doch in der Vielfalt der Weine dieser Domäne lassen sich auch weitaus günstigere (und auch sehr gute) Tröpferln finden.

Kaminstub'n

Kreßbach 80, 8530 Deutschlandsberg
Telefon 0 34 62/47 37, Fax 37 01-12
www.kaminstubn.at
Montag Ruhetag

Wirtin: Christine Kiegerl
Ölspur-Wirtshaus

Herrlich, wie ein bäuerliches Museum: Die Kaminstub'n sind fünf uralte Bauernhäuser, die in der Weststeiermark abgetragen und auf diesem Platz zusammengesetzt wurden. Daraus entstand ein Restaurant, in dessen Stüberln Romantik und Gemütlichkeit vorherrschen. Es ist ganz einfach schön, hier zu sitzen und zu genießen. Die Wirtin hat eine besondere Gabe, das ganze Haus und den wunderschönen Garten bis ins Detail in Schuss zu halten. Dass im Haus Feiern bis zu 100 Personen abgehalten werden können, will ich hier nicht verschweigen. Die Küche ist steirisch, qualitätsvoll, mit saisonalen Produkten und natürlich den besten Weinen des Landes. Meine Meinung: Die Kaminstub'n ist ein weststeirisches Gesamtkunstwerk, in das man sich sofort verliebt.

Gefüllte Kürbisblüten

Kürbisblüten (pro Person 3–4 Stück), Butterschmalz
Teig: 200 g Mehl, 2 Eier, Schilcher, Salz
Fülle: 1 Zwiebel, Semmelbrösel, 3 Dotter,
100 g Eierschwammerln, gehackte Petersilie, Majoran

Für die Fülle: Eine Zwiebel (mittelgroß) fein hacken und in Öl etwas anschwitzen, geputzte, geschnittene Eierschwammerln dazugeben und bei starker Hitze gut anrösten. Auskühlen lassen und in eine Schüssel geben. Eier, Brösel, Salz, Pfeffer, gehackte Petersilie und frischen Majoran dazugeben und gut durchmischen.
Die Blüten damit füllen und durch einen Backteig ziehen. Dafür werden Dotter, eine Prise Salz, der Schilcher (ein kräftiger Schuss) und das Mehl vermischt. Eiweiß steif schlagen und dann unterheben.
Die Blüten werden in Butterschmalz gebacken.

Burghotel Deutschlandsberg

Burgplatz 1, 8530 Deutschlandsberg
Telefon 0 34 62/56 56, www.burghotel-dl.at
Küche geöffnet: 12–14, 18–22 Uhr
Montag Ruhetag
Hotel durchgehend offen

Burg Landsberg BetriebsgmbH
Küchenchef: Christian Kollmann

Über das Wohnen in einer so mächtigen und gut erhaltenen Burg wie der Landsberg muss man nicht viele Worte verlieren, das Ambiente hat was, wie man so schön sagt. Die Burg hoch über der Stadt ist ein beliebter Ort, um Hochzeiten oder andere Familien- und Firmenfeste zu feiern. Dazu eignet sich beispielsweise der Wappensaal. Sehenswert, wenn auch gruselig ist die Folterkammer innerhalb des Burgmuseums. Die Küche, die Kollmann pflegt, ist hervorragend, eine „neu steirische Naturküche" – wie sich beispielsweise Österreichs oberster Restaurantkritiker Christoph Wagner auszudrücken pflegt.

Zanderfilet in der Erdäpfelkruste

2 Zanderfilets, Butter, Olivenöl, Zitrone, Salz, Pfeffer, Ei, Mehl, rohe Erdäpfel

Die Zanderfilets zuschneiden, salzen, pfeffern und mit etwas Zitronensaft marinieren. Die Hautseite in Mehl wenden. Ei aufschlagen und mit der bemehlten Hautseite das Filet durchziehen. Rohe, geschälte Erdäpfel raspeln und damit das Filet wie eine Panade bedecken. Öl und etwas Butter in einer Pfanne erhitzen, mit der Erdäpfelseite nach unten den Fisch in das heiße Öl geben, herausbacken, einmal umdrehen und auch die Fleischseite kurz braten.

Stöcklpeter

Schlossweggasse 51, 8530 Deutschlandsberg
Telefon 0 34 62/28 89, www.stoecklpeter.at
Geöffnet: Di–So durchgehend

Wirte: Familie Jauk-Wieser
Ölspurwirt

Von der Stadt hinauf zur Landsberg, vor der Zufahrt zur Burg nach rechts abbiegen, da geht die Straße zum Stöcklpeter. Ein hervorragendes Wirtshaus mit einer herrlichen Aussicht über die Stadt und das Umland. In Hausnähe die eigenen Schilcherweingärten. Fesche Frauen geben den Ton im Wirtshaus an und die Küche stufe ich „echt steirisch" ein. Im „Stöcklpeter", einem Wirtshaus, das seit Generationen in Familienbesitz ist, werden Winzerzimmer angeboten. Also, ein Ruhepool mit guter Kulinarik und schönem Ambiente direkt in Deutschlandsberg. Leider lässt es meine Zeit nicht zu, öfter in diesem Herzeigewirtshaus einzukehren. Ich gelobe aber den Wirtinnen gegenüber „Besserung".

Buttermilchterrine mit eingelegtem Rhabarber

400 ml Buttermilch, 50 g Staubzucker, 6 Blatt Gelatine,
4 cl Birnenbrand, 350 ml Obers, 2 Zitronen,
1 kl. Bund Zitronenmelisse
500 g Rhabarber, 1/8 l Schilcher, 1/8 l Wasser,
20 g Vanillezucker, 150 g Kristallzucker, 1 Vanilleschote

Buttermilch und Staubzucker verrühren. Gelatine in kaltem Wasser einweichen, den Birnenbrand leicht erhitzen und darin die gut ausgedrückte Gelatine auflösen. Diese Flüssigkeit dann in die Buttermilch einrühren und geschlagenen Süßrahm unterheben. Eine Terrinenform mit Klarsichtfolie auslegen und die Masse einfüllen. Über Nacht in den Kühlschrank stellen.

Rhabarber schälen, in kleine Stücke schneiden. Schilcher, Wasser, Vanillezucker, Zucker, Zitronensaft und das Mark der Vanilleschote aufkochen lassen. Rhabarber kurz dazugeben. Zitronenmelisse in einem Gewürzsäckchen zum Rhabarber geben. Den Topf mit einer Folie bedecken und ebenfalls über Nacht in den Kühlschrank stellen.

Von der Buttermilch-Terrine Scheiben schneiden, in die Mitte von Tellern legen und den Rhabarber dazulegen.

Gasthof, Fleischhauerei Kollar-Göbl

Hauptplatz 10, 8530 Deutschlandsberg
Telefon 0 34 62/26 42, www.kollar.goebl.at

Wirte: Marianne und Mathias Kollar
Ölspurwirt

Der Hauptplatz von Deutschlandsberg ist für sich schon ein Schmuckstückerl. Ein besonderes kulinarisches Schmuckstück ist die Fleischhauerei Kollar-Göbl. Nicht nur weil ich dort die besten Frankfurter meines Lebens verkostet habe, sondern weil hier Qualität ganz großgeschrieben wird und weil hier eine Fleischhauerfamilie am Werk ist, die noch Traditionsbewusstsein und hohes Qualitätsdenken besitzt. Berühmt ist der Burgegger-Schinken. Ein luftgetrockneter Schinken nach Art eines italienischen Prosciutto. Meersalz wird verwendet und die Reifezeit dauert länger als in Italien. Verwendet werden Keulen von Edelschweinen, natürlich gehalten, ohne Stress geschlachtet und sorgsam verarbeitet. Dass dieser Schinken immer wieder Preise erhält, versteht sich.

Doch Meister Mathias stellt auch Rehrohschinken, Lammrohschinken, Jungrinder-Rohschinken, Hirschrohschinken, Winzerrohschinken, Herrenschinken und viele weitere großartige Produkte her. Dazu kommen Speckvariationen, Rohwürste, Wild- und Lammrohwürstel.

Der Gasthof verfügt über zehn Zimmer und ein Restaurant, das Größe besitzt. Da können beispielsweise Veranstaltungen mit bis zu 250 Gästen klaglos abgehalten werden. Die Stüberln und Räume sind variabel. Von 30, 50 bis 100 Personen.

Braten vom Jungschwein auf Schilchersoße

1 kg Schweinsschopf, Salz, Pfeffer, frische Gartenkräuter, Wurzelgemüse, 1/4 l Schilcher, 1/2 l Rindsuppe, 3 EL süßer Rahm, 2 EL Maizena

Den Schopf salzen, pfeffern, mit Majoran, Thymian und wenig Rosmarin würzen, in eine Kasserolle legen. Mit Öl oder Schweinefett auf allen Seiten scharf anbraten. Wurzelgemüse dazugeben und mitbraten lassen. Mit Schilcher ablöschen, mit Rindsuppe aufgießen und bei kleiner Flamme köcheln lassen. Das dauert rund 90 Minuten. Das Fleisch herausnehmen und warm stellen. Mit einem Stabmixer das Wurzelgemüse passieren, Obers und Maizena dazugeben, einmal aufkochen lassen, mit Butterstückchen montieren und abschmecken.

Ölmühle Leopold

Frauentaler Straße 120, 8530 Deutschlandsberg
Telefon 0 34 62/22 94, www.oehlmuehleleopold.at
Ölkuchl geöffnet: 9–18 Uhr, Samstag 9–13 Uhr
Sonntag geschlossen

Müller: Josef Leopold
Ölspur-Mitglied

Früher wurde die Leopoldmühle nicht nur zum Ölpressen, sondern auch zur Mehlproduktion verwendet. Sie hat eine schier unendliche Tradition: 1542 wurde sie erstmals urkundlich erwähnt. Das Gebäude beinhaltete die Herrschaftsmühle zu Frauenthal. Die Familie Leopold stieg 1932 als Müller ein: Sie boten eine Lohnmüllerei für das Getreide der Bauern der Region an sowie eine Ölpresserei. Der heutige Besitzer, Josef Leopold, hatte 1992 angesichts der EU mit der Mehlproduktion Schluss gemacht und sich lediglich auf die Produktion von Kernölen spezialisiert. Das allerdings mit großartigem Erfolg, was zahlreiche Preise und Auszeichnungen beweisen. Der Ölmühle angeschlossen ist „Leopolds Ölkuchl", ein nettes Geschäft mit Spezialitäten aus dem gesamten Schilcherland. Da gibt es die hauseigenen Kernöle, Walnussöle, Kürbiskerne, Balsamessige von Gölles aus der Oststeiermark, Schokoladen, Geschenkkörbe.

Beim Leopold kann Ölpressen live beobachtet werden.

Weingut Resch vlg. Longus

Geipersdorfweg 18, Wildbach, 8530 Deutschlandsberg
Telefon 0 34 62/33 16, www.weingut-resch.at

Aus einer traditionellen Landwirtschaft führte in den 90er Jahren Jungwinzer Johannes Resch den Betrieb hin zum Weinbau. Wildbach ist ja eine der Kernzonen des Schilcher, wen wundert es, dass der Winzer mit Sorgfalt, einer guten Philosophie und Liebe zum Wein daraus ein Musterweingut gestaltete. Anfang 2000 vertraute die Stadt Deutschlandsberg ihr Weingut dem Winzer Resch an, der ab da als Pächter des Stadtweingutes auftritt. Neben den Lagen Kögerlberg, Klunkeraberg ist Burgegg (Stadtweingarten) die Lage der besten Weingärten. Resch erzeugt Weißburgunder (Klevner), Morillon, Schilcher bis hin zu Spätlesen und einer Trockenbeerenauslese sowie den Blauen Wildbacher.

Wein & Käs

Vinothek und Käsethek
Hauptplatz 34, 8530 Deutschlandsberg
Telefon 0 34 62/22 511, www.weinundkaes.at
Verschiedene Öffnungszeiten
Winter-Frühjahr, Sommer

Nahe dem wunderschönen Rathaus, direkt am Hauptplatz, ist die Gebietsvinothek und Käsethek Deutschlandsberg untergebracht. Ein schönes Platzerl, ein Ort zum Kosten, Schauen und Kaufen.

200 Weine von 56 Winzern werden angeboten. In der Käsethek – im selben Schauraum untergebracht – werden unter dem Motto „Käse ist unser Handwerk" Genuss-Käse der umliegenden Hofkäsereien angeboten. Käse aus Milch von Kuh, Schaf und Ziege.

Kommentierte Verkostungen können angemeldet werden, das läuft dann mit drei bis sieben Weinproben ab – je nach Zeit der Kunden. Auch Käse können dabei verkostet werden, wobei die Kosten dafür im optimalen Preis-Leistungs-Verhältnis liegen. Wein & Käs hat dafür schöne Räumlichkeiten. Kommentierte Weinverkostungen werden ab zehn Personen angenommen.

Mago Handwerkskäse

Masser Gottfried
Hohlbach 97, 8530 Deutschlandsberg
Telefon 0 34 62/63 20, www.mago-kaeserei.at

Gottfried Masser ist ein Käseerzeuger, bei dessen Produkten jeder Feinschmecker in Ausdrücke des Entzückens fällt. Gottfrieds Motto ist einfach, aber klar: Käse ist unser Handwerk. Rohmilch vom Schaf und der Ziege wird sorgsam zu verschiedenen Käsesorten verarbeitet. Diese reifen unter gründlicher Kontrolle nach der Erfahrung aus 20 Jahren Käseerzeugung. Seine Produkte sind auf dem schmucken Hof, in Wein & Käse oder auf dem Erlebnis-Bauernmarkt in Graz, Lendplatz, erhältlich. Das Angebot ist umfangreich: vom Frischkäse bis zum „Blauen Schaf" oder „Blaue Ziege" – Weichkäse mit Roquefortschimmeladern. Dabei handelt es sich um zwei bis drei Kilo schwere Käselaibe.

Buschenschank Lamperti

Teichweg 42 c, 8530 Deutschlandsberg
Telefon 0 34 62/2210, www.lamperti.at
Geöffnet: Mittwoch bis Samstag
Im Winter Donnerstag bis Samstag
Sonntag ab 15 Uhr
November, März und Juli geschlossen

Winzer: Irene und Karl Oswald-Lamperti

Zur sehr schönen, anspruchsvollen Buschenschank der Familie Oswald-Lamperti gelangt man, wenn man von Deutschlandsberg Richtung Hebalm fährt. Der Weg dorthin ist gut gekennzeichnet. Ein Bauernhaus zwischen Weingärten und Wald gelegen. Herzlichkeit herrscht in dieser gastlichen Stätte vor. Im Sommer sitzen die Gäste am Biotop oder unter der Laube, in der kälteren Jahreszeit gibt es im Haus drei nette Stüberln und den Gastraum. Insgesamt finden rund 90 Personen im Haus Platz. Die Jause setzt sich aus hausgemachten Produkten zusammen. Unbedingt die Buchteln bestellen. An Weinen werden Schilcher, Weißburgunder, Muskateller und Morillon aus eigenem Anbau serviert.

Landhaus Oswald

Unterbergla 15, 8522 Groß St. Florian
Telefon 0 34 64/22 70, www.landhaus-oswald.at
Geöffnet: Mittwoch bis Sonntag u. Feiertag
9–24 Uhr, Küche mittags und abends
Montag, Dienstag Ruhetage

Wirt: Wolfgang und Maria Edler
Ölspurwirt

Den Wolfgang Edler habe ich in Frankfurt auf der sogenannten Kocholympiade kennen gelernt, wo er als blutjunger Koch auftrat und auf Anhieb einen Stockerlplatz ergatterte. Nachdem er damals schon kein Kind von Traurigkeit war und er über das kleine Wirtshaus seiner Eltern in der Weststeiermark erzählte, versprach ich bald bei ihm einzukehren. Es sollte allerdings zehn Jahre dauern, bis ich das erste Mal das wunderschöne und scheinbar in der Zwischenzeit enorm ausgebaute Wirtshaus besuchen konnte. Die Begrüßung fiel so aus, als hätten wir uns gerade erst vor wenigen Tagen das letzte Mal gesehen. Ich war erstaunt, was der Wolfgang nicht nur aus seinem Wirtshaus, sondern auch aus sich gemacht hat.

Ein Hansdampf in allen Gassen: Küchenmeister, großer Caterer, Betreiber der Alten Universität Graz, WIFI-Referent, toller Koch (das war ja schon immer so), Ausbildner, Prüfer, Funktionär, Familienvater, Ehemann – ich frage mich, wann hat der Wolfgang Freizeit.

Doch zurück zum Wirtshaus. Es ist mehrgeteilt: Dorfwirtshaus als Kommunikationsfläche für das Treffen unter Nachbarn, Speisen inklusive. Dann gibt es ein Gourmet-Stüberl für den noch feineren Gaumen und im ersten Stock Räumlichkeiten für Familienfeste oder Betriebsfeiern.

Wolfgang ist ein Teammensch und er bezieht einen großen Teil seiner Grundprodukte von den steirischen Bauern und da wiederum aus verschiedenen Genuss-Regionen. Dass seine liebe Gattin Maria eine wichtige Rolle im Arbeitstrubel einnimmt, versteht sich. Wahrscheinlich ist sie es, die den Wolfgang manchmal vom Himmel herunterholt. So soll es auch sein. Für mich ein Mustergasthaus in der Steiermark.

Gurglschnalzer

Grundteige
Kartoffelmasse: 500 g Erdäpfel, 2 Eidotter, 20 g Butter, Salz, Muskat, Pfeffer
Brandteig: 1/4 l Milch, 70 g Butter, Salz, Kümmel, 300 g Mehl glatt, 4 Eidotter

Die Arbeitsschritte:

1.) Erdäpfel kochen, ausdämpfen lassen, schälen und schnell passieren. Flüssige Butter, Dotter und Gewürze beigeben und mischen.
2.) Milch, Butter, etwas Salz, Kümmel zum Kochen bringen. Das Mehl beigeben und so lange am Herd lassen, bis sich der Teig vom Kochgeschirr löst. Etwas abkühlen lassen und vier Dotter kräftig einrühren.
3.) Kartoffelmasse und Brandteig zusammenwirken. Mit einem geölten Löffel Nockerln formen, auf ein Backpapier legen und dann bei 160 Grad im Rohr goldgelb backen.

Manchmal gibt der Wolfgang ein wenig Trüffel dazu, Steinpilze, Bärlauch, Ingwer oder Kren. Das ergibt ganz tolle Geschmackserlebnisse.

Weingut Jauk

Brunn 45, 8544 Pölfing-Brunn
Telefon 0 34 65/24 43, www.jauk-wein.at

Winzer: Christian Jauk

Die Weine sind für die Region klassisch: Schilcher, Welschriesling, Weißburgunder, Morillon, Gelber Muskateller, Sauvignon blanc, Zweigelt und Blauer Wildbacher. Auf sechs Hektar Weinland baut die Familie Jauk auf verschiedenen Rieden ihre Reben an. „Der Wein“, so sagt Weinbau- und Kellermeister Christian Jauk, „wächst im Weingarten!“ Also wird hier besonders sorgfältig gearbeitet. Die Trauben danken dies mit Fruchtigkeit, Kraft und Raffinesse im Wein. Etliche Auszeichnungen hat die Familie für ihre Kreszenzen bereits erhalten.

Gasthaus Jägerwirt

Jagernigg 27, 8544 Pölfing-Brunn
Telefon 0 34 65/23 71
Küche: 11.30–14.00, 17.30–21.30 Uhr
Mittwoch, Sonn- und Feiertage ab 17 Uhr geschlossen

Wirt: Familie Strohmayer
Ölspurwirt

Zwischen Pölfing-Brunn und Wies liegt dieser einladende Familien-Gasthof, ein Mitgliedsbetrieb der steirischen Ölspur. In Küche, Keller und im Ambiente des Wirtshauses wird Regionalität gelebt. Christian Strohmayer, der Junior, ist ein kreativer Koch, der gerade rund um den Kürbis immer wieder mit neuen Rezepturen aufwartet. Im Sommer lockt eine frische, kühle Gartenlaube, in der kalten Jahreszeit bietet das Haus eine gemütliche Gaststube und einen Speisesaal, der mehr als 100 Gästen Platz bieten kann.

Gekocht wird wie gesagt regional mit saisonalen Angeboten. Ab August „Kürbinarische Wochen“ und im Herbst die Wildtage. Im Sommer wird jeden Donnerstag ein Grillabend zelebriert.

Pölfing-Brunner Kürbis-Apfelstrudel

Strudelteig (für 6 Strudel):
1 kg Mehl, 4 EL Öl, 1 kleines Ei, 0,6 l warmes Wasser

Alle Zutaten vermischen, gut kneten, in sechs Teile teilen und in Frischhaltefolien eindrehen. Kühl rasten lassen.

Kürbismasse: 500 g grüner (weicher) Ölkürbis oder Speisekürbis grob gescharbt mit 3 EL Kristallzucker mischen und ziehen lassen.

500 g geschälte, grob gehackte Äpfel mit 1 EL Kristallzucker, etwas Zimt und 2 EL gehackten Kürbiskernen mischen.

1 EL Butter, 5 EL Rama zerlassen, 2 EL Kristallzucker, Brösel und etwas Zimt darin leicht anrösten.

Den Strudelteig ausziehen und auf ein Tuch auslegen. Im ersten Drittel die Butterbrösel verteilen. Die Kürbismasse leicht ausdrücken, mit den Äpfeln mischen und auf die Brösel setzen. Die Ränder einschlagen, mit Butter beträufeln, einrollen, auf ein befettetes Blech legen, mit Ei bestreichen und bei 160–180 Grad rund 30 Minuten goldgelb backen.

Gasthof Martinhof

8543 St. Martin im Sulmtal
Telefon 0 34 65/24 69, www.martinhof.at
Ganzjährig geöffnet

Wirtin: Christina Schoberleitner
Ölspurwirt

Zwischen Deutschlandsberg und Gleinstätten liegt St. Martin im Sulmtal und dort wird im Gasthof Martinhof seit 40 Jahren steirische Gastlichkeit durch die Familie Lampl-Schoberleitner geboten. Wer ohne Auto ist, kann mit der Graz-Köflach-Bahn anreisen und benötigt vom Bahnhof St. Martin Bergla nur wenige Minuten zum Martinhof. Der bietet Urlaub im Grünen ohne Stress, dafür mit hauseigenem Freibad, Rad- und Nordic-Walking-Strecken. Räder und Stöcke können im Haus ausgeliehen werden. Das Familienunternehmen – es wird in der dritten Generation geführt – bietet im Haus elf Doppelzimmer zu für Gäste attraktiven Preisen an. Manche haben Balkon. Von der Panoramaterrasse kann der Blick nach Kitzeck, zum Dämmerkogel und zur Koralm genossen werden.

Gekocht wird bodenständig, mit heimischen Produkten. Die Küche ist top, die Gasträume eignen sich auch für Familienfeiern.

Kernölparfait auf glacierten Äpfeln mit Bauernzwieback

140 g Feinkristallzucker, 4 Eigelb, Mark einer Vanilleschote, 1/2 l Schlagobers, steirisches Kürbiskernöl

Eidotter mit Zucker und Vanille warm und kalt schlagen. Kernöl in die aufgeschlagene Ei-Zuckermasse einrühren. Geschlagenen Süßrahm unterheben. Die Parfait-Masse in eine mit Folie ausgelegte Rehrückenform gießen und in den Tiefkühler stellen.

Äpfel schälen, entkernen und in Scheiben schneiden. Butter erhitzen, Zucker einstreuen, etwas karamellisieren lassen und darin die Äpfelscheiben glacieren. Das Parfait auf Teller setzen, mit den Äpfeln garnieren und Bauernzwieback aufsetzen.

Berghof-Vital

Aigneregg 22, 8542 St. Peter im Sulmtal
Telefon 0 34 67/84 69, Fax 84 69-9
www.berghof-vital.at

Wirtin: Grete Krenn
Ölspurwirt

Wer mehr als nur eine Nacht zwischen Weinbergen, der Koralm, den Kürbisfeldern und Wiesen der Sulmtaler Hendln verbringen möchte, der kehre im Berghof-Vital in St. Peter ein. „Urlaub mit allen Sinnen" ist hier das Motto. Was für den Ruhesuchenden die Lektüre eines guten Buches, ein Glas eines besonderen Weines ist, kann für den anderen Urlauber eine rasante Radltour, ein Nordic-Walking-Marsch, ein Dampfbad, Saunagang oder Massage sein. Im Berghof-Vital stehen den Gästen viele entspannende Möglichkeiten zur Verfügung. Der Gartenpool mit Liegewiese zum Ausspannen beispielsweise. Oder ein herzhaftes Menü mit regionalen Speisen, zubereitet von Küchenchef Markus. Grillabende und Gourmetabende gestalten den Urlaub zur genüsslichen Zeit.

Chefin Grete Krenn ist gerne mit den Gästen unterwegs, weil es ja zwischen Koralm und Mur so viel zu erleben gibt. Beispielsweise beim Besuch der Kernölmühle Lorenz.

Kernölmühle Lorenz

Sulb 35 a, 8543 St. Martin im Sulmtal
Telefon 0 3465/703 636, Fax 703 637
www.kernoelmuehle-lorenz.at

Dieser an der Schwarzen Sulm gelegene Familienbetrieb zeigt den Besuchern gerne, wie bestes Kernöl produziert wird. Im hauseigenen Kernölladen entdeckt man neben dem schwarzen Gold und neben Schilcher-Weinen auch viele andere Köstlichkeiten aus der Steiermark. Natürlich sind alle Kernöle aus dem Hause Lorenz original steirische Kernöle, ausgestattet mit der Beschriftung „g.g.A." – geschützte geografische Angabe. Die Arbeit in der Familie Lorenz ist exakt aufgeteilt: Die Männer sind für die Produktion und die Damen für den Verkauf des Kernöls zuständig. Auf alle Fälle eine sympathische Familie und ein Musterbetrieb.

Alpengasthof Koralpenblick

Rostock, Trahütten, 8530 Deutschlandsberg
Telefon 0 34 61/210, Fax DW 4, www.koralpenblick.at

Wirte: Familie Smolana

Auf der Fahrt in Richtung Weinebene in etwa 1000 Meter Seehöhe liegt der schmucke Alpengasthof Koralpenblick. Nicht nur Gasthof, auch ein Bauernhof. Ein waschechter Biobetrieb, in dem in erster Linie Rinder gezüchtet werden. Das Fleisch dieser jungen Rinder wird zur Marke „Styria Beef" gezählt. Also absolut von höchster Qualität. Dass die Natur rund um den Gasthof ein besonderes Erlebnis verspricht, muss nicht extra beschrieben werden. Die Natur ist wildreich, was sich am Tisch des schönen Restaurants wiederfindet, sie bietet kleine Teiche, in denen Bergforellen gezüchtet werden, und sie lässt mächtige Obstbäume wachsen. Von den Früchten werden Säfte, Most und Edelbrände gemacht. Das Brot wird übrigens im Hause gebacken. Zum Team um Chefin Ella gehört „Graf" – ein Prachtkerl von einem Hund, der alle Gäste begrüßt und mit Kindern besonders liebevoll umgeht. In diesem Haus passt somit alles zusammen und das macht den Koralpenblick zu einem liebenswerten Einkehrhof.

In Kruckenberg sollte ein wundersames Biotop bestaunt werden: eine mehr als 1000 Jahre alte Linde.

Forelle im Mohnmantel

600 g Forellenfilets, 100 g Graumohn gemahlen,
50 g Weißbrotbrösel, Salz, Pfeffer

Mohn mit den Weißbrotbröseln mischen. Die Forellenfilets waschen, trocken tupfen, salzen und pfeffern. Mit der Hautseite in die Mohnmischung legen und gut andrücken. Dann mit der Mohnseite in heißes Fett oder Öl legen und gut anbraten. Die Filets wenden, mit der Fleischseite ebenfalls kurz braten. Mit sautierten Eierschwammerln, gerösteten Zwetschkenspalten und Gemüse servieren.

Most-Rostbraten

4 Scheiben Rostbraten, 2 Zwiebel, Butterschmalz oder Öl, Paradeismark, Knoblauchzehen, 1/4 l Rindsuppe, 1/4 l Most, Butter, Salz, Pfeffer, Senf, Majoran, 1 Apfel würfelig geschnitten

Die Rostbratenstücke zwischen Folie legen und plattieren. Salzen, pfeffern, mit scharfem Senf einschmieren und in heißem Butterschmalz auf beiden Seiten anbraten. Das Fleisch herausnehmen und warm stellen. In den Bratensatz fein geschnittene Zwiebel geben und anrösten lassen. Knoblauch hacken und ebenfalls dazugeben. Die Apfelstücke beimischen, Paradeismark einrühren. Dann mit Rindsuppe ablöschen und mit Most auffüllen. Einreduzieren lassen. Das Fleisch dazugeben, kurz aufkochen und ziehen lassen. Mit Butter montieren, abschmecken und mit Spätzle servieren.

Alpengasthof Lenzbauer

Gressenberg 51, 8541 Schwanberg
Telefon 0 34 67/82 31
www.glashuetten.at/gasthof-lenzbauer

Wirte: Familie Fuchs-Maierhofer

Den Alpengasthof Lenzbauer und deren Wirtsleute habe ich einmal anlässlich einer Wanderung der Ölspur-Gemeinden und Wirte kennen gelernt. Er liegt von Glashütten etwa 30 Minuten Fußmarsch entfernt – eine Straße führt auch dorthin –, ist recht einsam und daher ein Erholungsort erster Güte.

Die Wirtsleute sind freundlich, kümmern sich liebevoll um jeden Gast, das Angebot ist einfach, doch kulinarisch von bester Qualität. Von Deutschlandsberg Richtung Weinebene fahren. In etwa 1100 Meter Seehöhe liegt Glashütten. Eine Gegend, die wegen des Koralm-Kristall-Trails international berühmt ist. Der Lenzbauer ist nicht nur Wirtshaus, er ist mit einer Landwirtschaft ausgestattet, was sich in der Speisekarte bemerkbar macht. Der Chef kocht – seine Mehlspeisen sind große Klasse –, die Chefin kümmert sich charmant um die Gäste. Bis 60 Personen haben im Speisesaal Platz. Gaststube und Speisesaal sind rustikal eingerichtet und verfügen über ein gemütliches Ambiente.

Steirerkrapfen

1 kg glattes Mehl, 1 Würfel Germ, 1 TL Salz, 3 EL Zucker, 4 EL Öl, 5 Eier, lauwarme Milch (nach Bedarf), Rum, Anis

Aus den oben genannten Zutaten einen Germteig bereiten. Gut abschlagen, bis sich der Teig vom Schüsselrand löst. Mit einem Tuch bedecken und zwei bis drei Stunden aufgehen lassen. Anschließend Krapfen formen: Teigstücke abschneiden und auf einer glatten Tischplatte zu Kugeln „schleifen". Wieder aufgehen lassen, die Kugeln etwas auseinanderziehen und dann in Öl-Schweinfett ausbacken.

Vor dem Servieren mit Staubzucker bestreuen.

Keltentaverne Gasthaus Koschak

Wirt & Weinbauer
Nestelberg 43, 8451 Heimschuh
Telefon 0 34 56/2401, Fax 50020, www.koschak.at
Geöffnet: ganztägig
Mittwoch, Donnerstag Ruhetage

Wirte: Familie Koschak

Aus einer Buschenschank ist gegen Ende der 50er Jahre die „Keltentaverne" entstanden. Ein gutes Wirtshaus, das von Hermine und Anton Koschak zur heutigen Größe aufgebaut wurde. Der Name wurde von jenen Menschen und deren Stamm übernommen, die bereits 4.000 vor Christi Geburt diese Gegend des Sulmtales besiedelt hatten: die Kelten. Viele Spuren aus der Hallstattzeit sind in dieser Region vorhanden. Dazu gesellen sich Funde aus der Römerzeit. Ganz klar, die Bauern von damals, ob Kelten oder Römer, schätzten die fruchtbare Erde des Sulmtales und das besondere Mikroklima.

Was bietet nun der „Koschak" in seiner Keltentaverne: Vor allem einmal Sulmtaler Hendln. Ich bringe keines jener Rezepte, die abseits vom klassischen Braten sind, denn sonst würde der Chef der heimischen Slow-Food-Bewegung Manfred Flieser ganz böse über mich kommen. Für ihn erreicht – und das habe ich im Abschnitt über diese Genuss-Henderln schon geschrieben – das Sulmtaler Hendl im gebratenen Zustand den Himmel aller Genüsse.

Dafür gibt es beim Koschak noch andere Herrlichkeiten: die Zelodec – eine Schinkenrohwurst nach uralten Rezepten. Natürlich alles rund um den Kürbis, den Sterz und um den Wein. Dieser wiederum kommt aus dem eigenen Weingarten, für den Martin und Silvia zuständig sind. Der Keltenkrug ist das Symbol der Weine und findet sich auf den Etiketten wieder. Neben den klassischen Weißweinsorten haben es mir Zweigelt und Blaufränkisch angetan. Da wird im hauseigenen Shop auch eine Cuvée beider Sorten namens „Taranis" angeboten. Auch die weiße Cuvée „Covio" gehört zur Marke „vorzüglich", ist aber zu schnell ausverkauft. Was wiederum für die Qualität und vor allem für das gute Preis-Leistungs-Verhältnis spricht.

Weingut Thomas Strohmaier

Brunn 41, 8544 Pölfing-Brunn
Telefon 0 664/45139 45, Fax 0 34 65/23 22
www.strohmaier.schilcher.com

Winzer: Margaretha und Thomas Strohmaier

In der Weststeiermark ist der Name „Strohmeier“ ein Begriff (siehe Reise 1). Den hier, in der Südsteiermark, schreibt man mit „ai“, aber was den Schilcher und seine Qualitäten angeht, so sind beide Strohma(e)ier große Klasse. Dieses Weingut in Brunn (Richtung Wies) ist seit beinahe zwei Jahrzehnten im Besitz der Familie Strohmaier. Thomas sagt von seinem Weingarten, es sei „ein wunderbares Grundstück“. Tatsächlich ist die Lage auf rund 450 Meter Seehöhe im Talkessel von Aibl geradezu ideal. Trotz Hagelschlags, einer Hangrutschung, eines Unfalls und anderer Widerwärtigkeiten hat Thomas Strohmaier seine Liebe und Leidenschaft zum Wein nicht verloren. Im Gegenteil, mir kommt vor, dass jeder Schicksalsschlag ihn noch besser gemacht hat. So darf es nicht wundern, wenn die Familie Strohmaier immer wieder Auszeichnungen für die Weine erhält. Es sind aber nicht nur Schilcher, die angebaut werden, sondern auch vorzügliche Rotweine wie der „Styria“ aus Cabernet Sauvignon, Merlot und Blauer Wildbacher, oder der Gelbe Muskateller. In der hauseigenen Vinothek werden nicht nur die Weine, sondern auch Kernöl, Essig und Edelbrände verkauft.

Weingut Wohlmuth

Fresing 24, 8441 Kitzeck
Telefon 0 34 56/23 03, Fax 21 21, www.wohlmuth.at

Winzer: Maria und Gerhard Wohlmuth

Das Erste, was mir in Vinotheken von weitem auffällt, sind natürlich die Etiketten. Manche Winzer haben einen Etikettenstil mit großem Wiedererkennungswert. Gerhard Wohlmuth hat dies bei allen seinen Weinen. Es sind Kunstwerke, die auf den Weinetiketten dargestellt sind, und wen wundert's, wenn sich dafür schon eine gewisse Sammelleidenschaft entwickelt hat. Wichtig ist aber, was drinnen ist: Und da macht der Wohlmuth ebenfalls Kunstwerke. So gute, dass er sogar im Falstaff einmal Winzer des Jahres (2001) wurde. Hervorragend die Sauvignon blancs und Chardonnays. Seit die Familie Wohlmuth – da gibt es den Gerhard senior und junior – sich auch in Neckenmarkt am Neusiedlersee „niedergelassen" haben, produzieren sie dort Rotweine von exzellenter Güte. Die Weine werden in Neckenmarkt vergoren und dann nach Fresing gebracht, wo sie im Barrique-Keller schön reifen können. Heute produziert das Weingut Wohlmuth bereits mehr als 200.000 Flaschen Wein. Gelobt wird allgemein das gute Preis-Leistungs-Verhältnis. Dass der Gerhard sen. ein Verkaufsgenie ist, muss ich jenen nicht beschreiben, die ihn kennen. Auf alle Fälle kommen seine Weine weit herum.

Weinhof Kappel

Steinriegel 25
8442 Kitzeck im Sausal
Telefon 0 34 56/23 47, Fax 23 47 30
www.weinhof-kappel.at

Wirte und Winzer: Familie Kappel

An Kitzeck kommt kein Weinfreund vorbei. Jene Menschen, die schöne Gegenden lieben, kommen an Kitzeck schon gar nicht vorbei. Und wer nach Kitzeck kommt, der kommt unwillkürlich zum Kappel. Es ist der größte

Gasthof und mit Blick in eine vor Schönheit überschäumende Landschaft. Für die Winzer dürfte es nicht so schön sein. Das Bearbeiten der steilen Weingärten ist mühsam, der Wein, der daraus gewonnen wird, vermutlich mit Schweißperlen geschönt. Na ja, man muss ja nicht alles wörtlich nehmen. Es ist einfach ein Wahnsinn, sieht man die Mühen der Winzer. Die Familie Kappel hat im Laufe der Jahre aus einem kleinen Gasthof ein mächtiges Anwesen gestaltet. Wellness pur. Ein kleines Schwimmbad mit Blick auf die Reben nebenan, von April bis November ein Schwimmbad im Freien, geheizt und mit Meerwasser gefüllt. Was die Familie Kappel anpackt, das tut sie mit Konsequenz und Qualität. Wenn schon, denn schon. So auch in der Küche, wo regionale auf internationale Küche trifft. Sterzknödl trifft Riesengarnele sozusagen. Es passt zum Haus, zum Ambiente und zu den hauseigenen Weinen. Dietmar Kappel geht als Küchenchef andere Wege als andere. Das Steirische kommt aber nie zu kurz.

Schweinsfilet im Gemüsemantel

600 g Schweinefilet, Salz, Pfeffer, Olivenöl,
Paprika rot, Melanzani, 1 Zucchini, 1 Knoblauchzehe,
1 Schweinsnetz, Rosmarin, Thymian

Das Gemüse in sehr kleine Würfel schneiden, gehackten Knoblauch dazugeben und in Olivenöl kurz anrösten. Würzen und überkühlen lassen.

Das Filet in gleiche Stücke teilen, würzen und in Olivenöl rundum scharf anbraten.

Das Schweinsnetz gut wässern, ausdrücken und auf einem saugfähigen Papier auslegen. Das geröstete Gemüse aufstreichen, das Filet auflegen und alles einrollen. Im Rohr bei 180 Grad etwa eine Viertelstunde braten. Im Hause Kappel wird ein Schalottenjus als Soße serviert.

Weingut Lorenz

Buschenschank
Einöd 8, 8442 Kitzeck
Telefon 0 34 56/23 11, Fax DW 4
www.weingut.lorenz.at
Geöffnet: Mitte Feber bis Anfang April
nur an Wochenenden (ab 14 Uhr)
Anfang April bis Mitte Dezember
täglich ab 11 Uhr, Dienstag Ruhetag

Winzer und Wirte: Johann und Gertrude Pronegg

Die Geschichte erzählt, dass die Familie Pronegg seit vielen Generationen bereits Weinbau betreibt. Die Chronik spricht: „seit 500 Jahren". Derzeit arbeiten zwei Generationen im Weinbau und für die äußerst schöne Buschenschänke. Von den Söhnen Patrick und Michael hat sich Letzterer ganz dem Weinbau verschrieben, den er gemeinsam mit seinem Vater betreibt. Die Schwiegertöchter Heidi und Michaela sind ebenfalls ganz in den Betrieb integriert und mit Aufgaben eingedeckt. Die Buschenschänke bietet hervorragende Kulinarik zu den besonderen Weinen des Hauses. Die Familie Pronegg führt den „1. Steirischen Schau- und Patenschaftsweingarten". Weinfans können in der Natur sehen, wie die Rebstöcke verschiedener internationaler und nationaler Traubensorten aussehen und wachsen. Weinfreunde können für zehn Jahre Patenschaft über einen der Rebstöcke erwerben, dürfen beim Lesefest selbst ernten und erhalten dann eine Flasche der sortenverschiedensten Cuvées der Welt. Die Lorenz-Weine können ab Hof gekauft werden. Darüber hinaus werden Weinbrände, Edelbrände und Liköre angeboten. Acht Winzerzimmer im Landhausstil und morgens ein herrliches Frühstück. So lässt es sich in Kitzeck aushalten.

Weingut Schauer

Buschenschank
Greith 21, 8442 Kitzeck
Telefon 0 34 56/35 21, Fax DW 4
www.weingut-schauer.at
Geöffnet: März bis November
Mittwoch bis Montag ab 14 Uhr, Dienstag Ruhetag
Weinverkauf ganzjährig

Winzer und Wirte: Karl und Elisabeth Schauer

Genießerhof nennt sich der Bauernhof der Familie Schauer, die seit 1757 hier als Bauern und Winzer tätig sind. Die „Schauer"-Weine sind bekannt. Immer wieder erringen sie bei Wettbewerben gute Platzierungen und Siege. Duftige Rieslinge, sehr typische Sauvignon blancs und Morillons; aber auch der Blaue Zweigelt bringt enorme Qualität. In der Buschenschänke werden hausgemachte Schmankerln serviert und die Gästezimmer sind komfortabel eingerichtet. Ein schönes Haus mit interessanten Weinen, die ab Hof oder im Internet-Shop gekauft werden können.

Weingut Lambauer

Greitz 19, 8442 Kitzeck
Telefon 0 34 56/22 35, Fax 27 497
www.weingut-lambauer.at
Geöffnet von Ostern bis 1. November
Dienstag bis Samstag ab 16 Uhr
Sonntag, Montag geschlossen

Winzer und Wirte: Familie Lambauer

„Ein Winzer muss den Dingen im Weinbau immer auf den Grund gehen" ist das Credo der Winzerfamilie Lambauer, die in zwei Generationen auf diesem Hof leben und arbeiten – Georg und Elisabeth Lambauer sowie ihr Sohn Bernhard. Zehn Hektar Weingärten sind zu bearbeiten und die Weine aus diesen Gärten versucht die Familie Jahr für Jahr noch qualitätsvoller zu gestalten. Die Weine werden in zwei Linien ausgebaut: Classic und Select. Die klassischen Weißweine mit der für die Südsteiermark typischen Note heißen Classic. Die Trauben mit dem besten physiologischen Reifegrad und aus den besten Einzellagen werden für die Linie

Select verwendet. Ebenso verhält es sich mit den Rotweinen.

Die Buschenschank ist gemütlich modern eingerichtet, die Terrasse ein Augenschmaus, denn von hier genießt jeder Gast den Blick ins weite, schöne Land. Ebenso von den Gästezimmern aus. Und wer im Sommer nicht nur die steilen Weingärten erwandern möchte, der aalt sich am hauseigenen Swimmingpool.

Weingut Buschenschank Albert

Gaulitsch 19, 8442 Kitzeck im Sausal
Telefon 0 34 56/22 39, www.weingut-albert.at
Geöffnet: täglich ab 14 Uhr
Mittwoch und Donnerstag Ruhetage

Winzer und Wirte: Familie Cramer

Christian Cramer und sein Sohn Leopold sind die Herren der Weinreben. Tochter Margarethe ist für den Service im Hause zuständig. Die Weingärten sind extrem steil, was wiederum ein besonderes Mikroklima ergibt, das die Weine fruchtig, steirisch werden lässt. Dennoch werden hier auch sehr wuchtig breite Weine von hoher Qualität gekeltert. Eine schöne Sortenvielfalt kann die Familie Cramer ihren Kunden anbieten. Gästezimmer und Buschenschank sind empfehlenswert. Was auch die Plakette von „Slow Food Styria“ erkennen lässt.

Kirchenwirt in Kitzeck

Steinriegel 52, 8442 Kitzeck
Telefon 0 34 56/22 25, Fax DW 4
www.kirchenwirt-heber.at
Geöffnet: Mittwoch bis Samstag 10–23 Uhr
Küchenzeiten mittags und abends

Wirte: Gertraud und Alfred Heber

Ein Feinschmecker wird am Kirchenwirt im Zentrum von Kitzeck wirklich nicht vorbeikommen. Dazu ist die Küche in diesem mit 100-jähriger Tradition ausgestatteten Wirtshaus viel zu gut. Die Wirtin ist in ihrer Küche bemüht, den Gästen eine sehr originelle, feine und sehr kreative Kost anzubieten. Heimische Grundprodukte der besten Qualitäten werden verarbeitet – vom Styria Beef bis zum heimischen Lamm. Die heimischen Gourmetführer geben dem Kirchenwirt immer sehr hohe Bewertungen. Zu Recht, wie ich meine.

Kalbsrücken mit Steinpilzen gratiniert

1 ausgelöster Kalbsrücken, Knochen für Kalbsfond, Butter, Öl, 2 Zweige frischer Rosmarin, Knoblauchzehen, Pfeffer, Salz

Die Knochen klein hacken, den Rücken zuputzen: Fett und Haut entfernen. Knochen und Parüren (Fleischabschnitte) zu einem Fond verarbeiten.

Den Kalbsrücken pfeffern und salzen und rundum in heißem Öl gut anbraten. Das Fleisch nun in das Backrohr schieben und bei 160 Grad rund 60 Minuten braten. Immer wieder mit dem eigenen Saft, mit etwas Rindsuppe oder Fond übergießen. Dann das Fleisch herausnehmen, in Alufolie wickeln und warm stellen. Den Bratensaft abseihen, mit Fond auffüllen, den Rosmarinzweig und zwei Knoblauchzehen klein gewürfelt dazugeben und die Soße einreduzieren lassen. Mit kalter Butter montieren und abschmecken.

Steinpilze in hauchdünne Scheiben schneiden, auf den Braten legen, mit grobem Meersalz bestreuen und im Rohr bei Oberhitze noch einige Minuten gratinieren lassen.

Fleisch in Scheiben schneiden, die Steinpilze auflegen, mit der Soße umgießen und mit Beilagen servieren.

Café-Restaurant Wohlmuth-Lückl

Steinriegel 77, 8442 Kitzeck
Telefon 0 34 56/27 454, Fax 01
www.wohlmuth-lueckl.at
Geöffnet: 10–22 Uhr, Küche von 11–21.30 Uhr
Mittwoch Ruhetag (außer Herbst)

Wirte: Andrea Wohlmuth-Lückl und Willi Lückl

Wer in Kitzeck, im höchsten Weinort Österreichs, die höchstgelegenen Gästezimmer sucht, der muss bei der Familie Wohlmuth-Lückl einkehren. Es muss nicht sonderlich erklärt werden, dass von diesen komfortablen Zimmern aus der Blick in die Gegend gewaltig ist. Gewaltig ist auch die Kochkunst der Chefin. Das Wirtshaus ist urgemütlich und dennoch mit einem modernen Hauch versehen. Immer wieder finden kulturelle Abende statt, gerne kocht die Chefin für Familienfeiern, Betriebsfeste oder ganz einfach für eine Gruppe Freunde ein besonderes Menü. Torten und Kuchen sind hausgemacht, Fische gibt es aus Meer und Teichen, die Speisekarte liest sich international.

Also alles da. Dass es auch eine Speiskarte in englischer Sprache gibt, soll nicht unerwähnt bleiben.

Weingut und Buschenschank Warga-Hack

Gauitsch 20, 8442 Kitzeck
Telefon 0 34 56/22 82, Fax -20, www.warga-hack.at
Jänner bis Ostern: Freitag ab 17 Uhr
Samstag und Sonntag ab 14 Uhr
Ostern bis Mitte November
Buschenschank: Dienstag bis Samstag ab 14 Uhr

Winzer und Wirte: Familie Hack

Steil, steiler, Warga-Hack: Schlimmer geht's nimmer. So möchte man es nennen, wenn man die Weingärten der Familie in Kitzeck besichtigt. Die ganze Familie packt an. Die Eltern Sissi und Willi, Sohn Rainer mit Jasmin sowie Peter mit Elisabeth. Vor allem Rainer erledigt die Arbeit als Winzer mit Leidenschaft und Brillanz. Es sind sehr fruchtige Weine, dennoch von einer Leichtigkeit, die am Gaumen gefällt. Es sind Morillon, Sauvignon, Rheinriesling, Welschriesling, Weißburgunder und Grauburgunder bei den Weißweinen sowie Zweigelt bei den Rotweinen. Die angebotenen Linien: Klassik, Lagenweine und Weine im Barrique (Zweigelt, Morillon, Grauburgunder und Sauvignon blanc).

Winzerzimmer, Genießerzimmer oder Zimmer im Stammhaus. Alle sind top, manche sogar mit dem Halleluja-Effekt ausgezeichnet.

Weinbau und Buschenschank Felberjörgl

Höch 47, 8442 Kitzeck-Demmerkogel
Telefon 0 34 56/3 1 89, www.felberjoergl.at
Geöffnet: ab 14 Uhr, Mittwoch Ruhetag

Winzer und Wirt: Hans-Peter Temmel

Gold bei der International Wine Challenge in London, Alpen-Adria-Sieger, Landessieger, Sieger bei der Ö1-Weinkost – ich stoppe, denn was der Hans-Peter Temmel mit seinen Kreszenzen schon alles an Auszeichnungen geschafft hat, würde ein ganzes Kapitel meines Buches füllen. Und bei aller Freundschaft zu diesem sympathischen Winzer, Edelbrenner (Zigarrenbrand oh, là, là) und Wirt, es muss für andere auch noch Platz bleiben …

Zurück zum Demmerkogel, dort hat sich Hans-Peter Temmel nach dem Abschluss der Weinbauschule Silberberg 1992 sein Weinreich geschaffen. Wenn Klaus Egle, ein bekannter Weinpublizist, in seinem Buch „Steirisches Weinland“ (2003, Styria Verlag) schreibt, Hans-Peter Temmel zähle „zu den besten Nachwuchswinzern der Region“, dann ist das jetzt schon stark untertrieben. Hans-Peter Temmel hat es mit Zähigkeit und Qualitätsfanatismus geschafft, ein ganz Großer zu sein. Die besten Trauben kommen von der Ried Höchleit’n und dort ist der absolute Hitwein der „Morillon Hochleit’n Trockenbeerenauslese“ sowie auf Kreuzegg der „Eiswein 01“.

Übrigens: Die Buschenschank hält mit den Weinen mit – exzellent, gemütlich, edel. Typisch Temmel.

Kernölmühle Labugger

Dorfstraße 65, 8403 Lebring
Telefon 0 31 82/48 847, Fax DW 14, www.kernoel.tv

Bauer: Franz Labugger

Die Ölmühle meines Freundes Franz Labugger ist ein Schmuckstück in Lebring, nur wenige Kilometer von der Autobahnabfahrt entfernt. Es ist am Hof nicht nur sauber, sauber ist es in der Mühle, sauber sind die Kernöle. Sie stammen aus eigenem Ölkürbis-Anbau. Die Familie Labugger bewirtschaftet rund 50 Hektar Ackerland, meist Ölkürbis, doch seit einigen Jahren verstärkt auch Sonnenblumen. Die Kerne werden dann zu reinem Sonnenblumenöl gepresst. Kaltgepresst, höchste Qualitätsstufe. Zu kaufen ab Hof, via Internet-Shop und in sehr guten Feinschmeckerläden. Bei Labugger kann man die Produktion gegen Voranmeldung auch besichtigen. Die Öle sind vielfach prämiert und Franz Labugger wurde sogar mit dem Titel „Echt steirisch-Botschafter Kernöl“ ausgezeichnet. Das ist so viel wie der Kernölproduzent des Jahres. Nebenbei bemüht sich Franz Labugger auch bei der Erzeugergemeinschaft steirisches Kernöl um Originalität, Qualität und Vermarktung nach außen.

Gasthaus Schweinzger

Lang 12, 8403 Lebring
Telefon 0 31 82/24 20, www.schweinzger.at
Geöffnet täglich:
Montag ab 15 Uhr und Dienstag geschlossen

Wirt: Konrad Schweinzger

Wer zwischen West- und Südsteiermark eine Pause einlegen möchte, der ist in diesem Hause sehr willkommen. Schöne Zimmer, gute Hausmannskost, ein perfektes Preis-Leistungs-Verhältnis. Im Sommer kann im kühlenden Gastgarten Platz genommen werden, die Stuben selbst sind sehr gemütlich und elegant eingerichtet und strahlen Atmosphäre aus.

Kürbisstrudel

300 g Mehl glatt, 1 EL Öl, Salz, 1 EL Essig, lauwarmes Wasser, 1/2 gelben Kürbis grob gerieben, 300 g Kristallzucker, 125 g Butter, 4 EL Zimt

Aus Mehl, Öl, etwas Salz, Essig und lauwarmem Wasser einen geschmeidigen Teig kneten. Rasten lassen (30 Minuten).

Den Teig so dünn wie möglich ausziehen. Kürbiswürfel, Zucker und Zimt aufstreuen, mit lauwarmer, flüssiger Butter begießen. Zusammenrollen, auf ein bebuttertes Blech geben und bei 200 Grad rund 25 Minuten backen.

Hofladen Jauk vlg. Grah

Grazer Straße 231, 8523 Frauental
Telefon 0 34 62/28 52
Geöffnet: vormittags bis 13 Uhr
abends 17 bis 19 Uhr

Bauern: Josef und Margarethe Jauk

Tüchtige Bauern, tüchtige Schilcherwinzer, das sind Josef und Margarethe Jauk. Vor allem sie treffe ich immer wieder auf Messen, Bauernmärkten und bei kulinarischen Veranstaltungen, wo Gutes vom Bauernhof anzutreffen ist. Der Schilcher ist typisch und herzhaft, die Säfte naturrein; Liköre, Kürbiskernöle, Kerne, Obst und Marmeladen. Da freut sich meine Familie, wenn ich etwas mit nach Hause bringe.

Karpfenwirt

Dörfla 25, 8543 St. Martin im Sulmtal
Telefon 0 34 65/23 07, Fax 35 36, www.karpfenwirt.at
Montag Ruhetag

Wirte: Familie Krenn
Ölspurwirt

Ist schon ein mächtiges Haus, dieser Karpfenwirt mitten in St. Martin im Sulmtal. Nicht nur die Hendln sind in diesem Tal zu Hause, sondern auch Fische aus herrlichen Teichen. Karl, der Wirt, ist selbst Karpfenzüchter und Anni, die Wirtin, bemüht sich, das große Haus in Schwung zu halten. Was ihr auch toll gelingt. Platz für rund 300 Personen fasst der Karpfenwirt und eignet sich damit für große Familienfeiern. Ich nehme gerne im Gastgarten Platz und freue mich immer auf gute Speisen und sehr gute Weine aus der Region. Die Küche ist regional, bodenständig, Fische vom Haus, aber auch Ausflüge in die internationale Küche werden immer wieder mit Erfolg unternommen.

Wurzelkarpfen

Zwei Karpfenfilets, 200 g Zwiebel, Wurzelwerk, Butter, Salz, Lorbeerblatt, Pfefferkörner, Essig, Thymian, grüne Petersilie

Einen Liter Wasser in einem Topf auf den Herd stellen, die Hälfte der Zwiebel grob schneiden und mit den Gewürzen und dem Essig aufkochen. Karpfenfilets in Stücke schneiden, auf der Hautseite mehrmals leicht einschneiden, in den Sud legen und etwa 15 bis 20 Minuten ziehen, aber nicht kochen lassen. Das Wurzelwerk in feine Streifen schneiden, die restlichen Zwiebeln in feine Ringe schneiden und alles in Butter anschwitzen, mit Karpfensud begießen und bissfest köcheln lassen. Den Fisch aus dem Sud geben, auf Teller anrichten und mit dem Wurzelgemüse belegen. Mit Petersilie bestreuen. Salzerdäpfel als Beilage servieren.

Schmankerlstub'n Temmer

Badstraße 2, 8430 Tillmitsch/Leibnitz
Telefon 0 34 52/82 070, www.schmankerlstubn.at
Geöffnet April bis Oktober
Dienstagabend, Mittwoch bis Samstag
mittags und abends, Sonntag nur mittags
November bis März:
Mittwoch bis Freitag ab 18 Uhr
Samstag 12–21.30 Uhr, Sonntag 12–18 Uhr

Wirte: Monika und Sepp Temmer

Leibnitz liegt abseits der Erzherzog-Johann-Kulturreise, aber aufmerksame Leserinnen und Leser werden schon bemerkt haben, dass ich dann und wann einen Ausreißer von der Strecke unternehme, um rechts und links lohnende Einkehr- oder Einkaufstipps zu geben.

Einer davon ist das Einkehren bei Familie Temmer, die so etwas wie eine kulinarische Institution in der Südsteiermark darstellen. Ein wunderschönes, gepflegtes Restaurant mit elegantem Ambiente und doch einer unwahrscheinlich heimeligen Atmosphäre. So schön wie die Speisestuben selbst sind auch die Speisen. Sie sind bodenständig und regional, doch mit Raffinesse gekocht und mit Flair ausgestattet. Da findet sich ein Maria Zeller Wildsaibling, den ich selbst als einen der besten Fische Österreichs bezeichne. Da gibt es sogar Lammbeuscherl und ganz normale Wiener Schnitzel. Doch welch eine Wohltat am Gaumen im Unterschied zu 90 Prozent der in Österreich auf den Tisch geknallten Wiener mit Pommes. Ein Wienerschnitzerl ist doch so herrlich. Übrigens, Sulmtaler Hendl (original) gibt es auch. Bitte vorbestellen. Ist ja eine Rarität.

Lammbeuschel

Lunge und Herz vom Lamm, 1 große Karotte,
eine halbe Sellerieknolle (oder ein Viertel),
1 mittlere Zwiebel, Salz, scharfer Senf, Lorbeerblätter,
etwas Gurkerlessig, Butterschmalz, Mehl,
Paprikapulver, Süßrahm

Herz und Lunge gut waschen und mit dem Wurzelwerk und zwei Lorbeerblättern kochen. Dann das Beuschel in Eiswasser abkühlen, den Sud gut durchseihen. Das erkaltete Beuschel in feine Streifen schneiden. Aus Butterschmalz und Mehl eine Einbrenn machen, mit dem Beuschelsud aufgießen, salzen, pfeffern und mit scharfem Senf und etwas Gurkerlessig verfeinern. Noch einmal aufkochen lassen und zum Schluss mit Süßrahm verfeinern.

Gasthof Zur Schönen Aussicht

Altenmarkt 128, 8551 Wies
Telefon 0 34 65/22 79, Fax DW 24
www.zur-schoenen-aussicht.at
Ganztägig geöffnet

Wirte: Wolfgang und Elisabeth Strohmaier
Ölspurwirt

Wie der Name schon sagt, der schmucke Gasthof liegt in einer begnadeten Gegend etwas außerhalb von Wies. Wald, Wiese, Schilchergegend – ein Ort wie geschaffen zum Ausruhen, aber auch um Freizeitaktivitäten zu entwickeln. Dem Wirtshaus gegenüber hat die Familie Strohmaier ein Gästehaus errichtet, in dem Fremdenzimmer vermietet werden. Sie sind alle sehr familienfreundlich ausgestattet. Das Restaurant bietet eine regionale Küche der südlichen Weststeiermark in sehr guter Qualität mit alten und neuen Rezepten. Das Stüberl und der Speisesaal sind behaglich eingerichtet und im Sommer wird auf die große Terrasse eingeladen.

Kürbiskernparfait mit Karamellsoße

50 g Kürbiskerne, 50 g Kristallzucker,
2 ganze Eier, 50 g Kristallzucker,
1/4 l Schlagobers steif geschlagen

Den Kristallzucker (50 g) in einer Pfanne karamellisieren lassen. Die Kürbiskerne dazugeben, kurz mitrösten und gleich auf ein leicht beöltes Blech geben. Auskühlen lassen und den entstandenen kalten Krokant zerkleinern und fein reiben.

Die Eier mit dem Zucker über Dampf lauwarm aufschlagen, vom Herd nehmen und kalt schlagen. Den geriebenen Krokant einrühren und den Schlag unterheben. In kleine Formen füllen und mindestens vier Stunden tief frieren. Die Formen vor dem Servieren kurz ins heiße Wasser stellen, auf Teller stürzen und mit Schlagobers, Karamellsoße und Kürbiskernen anrichten.

Karamellsoße

65 g Kristallzucker karamellisieren. 45 g Butter kurze Zeit mit anschwitzen und mit 100 ml Schlagobers sowie 70 ml Milch ablöschen. Danach 5 Minuten leicht kochen und auf Zimmertemperatur abkühlen lassen.

Weingut Jöbstl

Am Schilcherberg 1, 8551 Wernersdorf
Telefon 0 34 66/432 10, Fax DW 53, www.joebstl.eu

Winzer: Luise und Johannes Jöbstl

Der Weinbauingenieur Johannes Jöbstl ist ein Schilcherwinzer par excellence. Er gehört zu den sogenannten Emmauswinzern von Wernersdorf, bei denen die Zahl 7 eine besondere Bedeutung hat. Der Emmauswein ist ein Schilcher, der nach besonderen Auflagen produziert wird. 777 Flaschen werden gekeltert, jeder Winzer verwendet nur Trauben von 77 besonders gekennzeichneten Rebstücken. Der Emmauswein wird am Ostermontag nach dem Emmausgang präsentiert. Wer eine der wenigen Flaschen ergattern möchte, der muss Glück haben. Oder sieben Jahre warten?

Wie dem auch sei, der Emmauswein ist auf alle Fälle eine gute Botschaft rund um den Schilcher. Jöbstl ist „Master of Schilcher“ und daher schmecken seine Weine auch meisterhaft gut. Der Schilcher kommt von der Ried Kraß oder dem „Alten Weingarten“. Die besten Weine aus Trauben des Blauen Wildbacher werden nach der Gärung im Barrique ausgebaut.

Brennerei Jöbstl

Am Schilcherberg 2, 8551 Wernersdorf/Wies
Telefon 0 34 66/42 379-1, Fax DW 3
www.brennerei-joebstl.at

Edelbrennerin: Waltraud Jöbstl

Waltraud Jöbstl ist eine der außergewöhnlichsten Frauen, die ich kennen gelernt habe. Mit mächtigem Elan, mit Gespür für das Besondere und mit Liebe zu den Produkten brennt sie herrliche Schnäpse, nein, natürlich heißt das Edelbrände. Edel, wirklich edel. Die Waltraud eckt vielleicht da und dort an, aber sie ist kompromisslos und qualitätsfanatisch. Wo immer sie mit ihren Edelbränden an Wettbewerben und Verkostungen teilnimmt, ist sie in der Wertungsliste an vorderster Front. Das schafft natürlich viele Neider. Die muss man sich halt erarbeiten. „Schnaps ist weiblich", sagt sie auch in ihrem Internet-Auftritt. Das stimmt, denn die Waltraud ist überall dabei und sie ist gerne Botschafterin der Edelbrände des Landes. Der Edelbrand von der Johannesbeere bis zur Vogelbeere ist ihre Passion. Ihre Zigarrenbrände sind eine Sünde wert – da steckt sich sogar der Nichtraucher eine Romeo y Julieta zwischen die Lippen.

Hasewend's Kirchenwirt

Gasthof-Meisterfleischerei-Lichtspielhaus
Apartments
8552 Eibiswald 39
Telefon 0 34 66/22 16, www.hasewend.at
Montag Ruhetag

Wirte: Siegfried und Josefine Hasewend
Ölspurwirt

Die Hasewends sind eine Wirtefamilie, bei der ich Obacht geben muss, dass ich nicht zu viel ins Schwärmen komme. Aber sie haben es verdient, dass man sie lobt, mehr noch, dass man bei ihnen einkehrt. Und da kann es nicht fad werden: Winzerzimmer mitten im Ort, Fleischhauerei und Spezialitätengeschäft im Haus, das alte, schön restaurierte Kino ebenfalls im Haus und dann noch die Hauptsache, das Restaurant mit einer unwahrscheinlich guten, steirischen Küche. Mit Liebe gekocht hat hier eine Bedeutung. Dafür ist Josefine verantwortlich. Für das Engagement, für das Können und für das herausragende Angebot wurde die Familie „Genussregionswirt 2007". „Echt steirische Botschafter" der Gastronomie sind sie zuvor bereits geworden. Eibiswald liegt zwar im Süden der Steiermark, der Region nach ist es aber nicht die Südsteiermark, sondern die südliche Weststeiermark. Da verläuft die Grenze nach dem Weinbaugesetz recht eigenartig. Das ist jedoch egal, denn Eibiswald ist eine nette Gemeinde, von hier ist es ein Katzensprung auf die Soboth oder über den Radlpass nach Slowenien. Feinschmecker werden bleiben und die Hasewend-Küche genießen. Unter Garantie.

Schweinsfilet mit Kürbiskernkrusterl auf geschmortem Sommergemüse

750 g Schweinsfilet, Salz, Pfeffer, Kräuter
Krusterl: Semmelbrösel, gemahlene Kürbiskerne, Kürbis-Kernöl

Das Schweinsfilet gut zuputzen, die Silberhaut wegschneiden und das Fleisch in 1,5 cm dicke Scheiben schneiden. Für die Kruste die Zutaten gut mischen. Die Filetscheiben in Butter-Öl auf beiden Seiten anbraten. Mit der Kräuterkruste belegen und im Rohr noch einige Minuten gratinieren lassen.

Sommergemüse – was der Garten oder der Bauernmarkt hergeben – würfelig schneiden, in Sonnenblumenöl anrösten, mit Paradeissaft ablöschen und bissfest dünsten lassen. Gewürzt wird mit Salz, Pfeffer, Oregano und Thymian.

Reise 3

Gamlitz und die Mutter aller Weinstraßen

Leutschach, Gamlitz, Ehrenhausen, Berghausen, große Weine, berühmte Rieden

Fam.Menhart
Weinbau
RENNER Erwin
Weinbau Hernach
Weingut u. Gasthof
SABATHIHOF
F+D. ADAM
Fam.Otto Lieschnegg
REITEN & FAHREN
Otmar TRUNK
Gh.Lamprecht
Jägerwirt
masser
Tetlscher
Weingut Peterhof
Tomberger
Abels Wirtshaus
am Käsehof
RAUMAUSSTATTUNG
Trunk
VERDNIG
Weinbaumeister
Puschnig
Buschenschank
Fam.Alois Renner
Weingut-Buschenschank
Fam.Karl Repolusk
Weingut-Gasthof
Mahorko
Weingut-Buschenschank
Fam.Deutschmann
Weingut Tschermonegg
Weingut-Buschenschank
Fellner
Ilse u.Herbert Repolusk
Buschenschank
F.Tscheppe
Weingut Kalischnik
Alte Bauernstub'n
Weingut-Buschenschank
Franz Legat,
Weinbau
Birnstingl
F.u.M. Hernach
WEINGUT
MUSTER
Fam.ERTL
Weingut
A.Germuth.
Weingut
Schwalbennest
Weinbau
Fam.Peter Kos
Fam. Schupanez
Qualitätsweine
Weingut Narat
Buschenschank
EORY
Hans Masser
LAMPRECHT
MUSTER
vlg.Poschgan
Erwin
SABATHI
KREUZWIRT
NEU ERÖFFNET!
Tscheppe
Weinbau
Dworschak
Gästezimmer
K-H.u.G.Divjak
Privatzimmer
VARGA

Zugegeben, der Ausdruck „Mutter der Weinstraßen" stammt nicht von mir. Heidelore Strallhofer-Hödl hat über die Weinbauern und Buschenschänken in der Südsteiermark ein Buch mit diesem Titel geschrieben. Der Ausdruck hat mir sehr gut gefallen, weil er genau das ausdrückt, was sich in diesem schönen Stück Österreich abspielt. Die Frau Heidelore hat den Ausdruck auch nicht selbst geprägt, sondern im Zuge der Recherchen über die Geschichte der Südsteirischen Weinstraße von einer Zeitzeugin erfahren, dass man diese Straße ja „als Mutter der Weinstraßen" bezeichnen kann.

Spannender Straßenbau

Die Südsteirische Weinstraße wurde am 15. Oktober 1955 festlich eröffnet. Es ist der Emma Bullmann zu verdanken, dass die Straße überhaupt gebaut wurde. Die Winzerin des gleichnamigen Weingutes hatte mit anderen Weinbauern die Idee geboren, einen bestehenden Trampelpfad zwischen „Rebenburg und Kästenburg" in eine Straße umzubauen. Nach dem Zweiten Weltkrieg war Emmy Bullmann unermüdlich in dieser Sache unterwegs und erhielt vom damaligen Bürgermeister von Ratsch und vom Weinbauern Robert Knaus viel Unterstützung. Ein Verein wurde gegründet, Obmann war Robert Knaus, Emmy Bullmann die Kassiererin, Bittgesuche wurden dem Landeshauptmann Josef Krainer übergeben, Geld und Unterschriften gesammelt und schließlich der Traum umgesetzt. Ein Großteil der Steine wurde übrigens aus Steinbrüchen im heutigen Slowenien geliefert. Da hatte die Emmy Bullmann ganz gute Drähte „nach drüben". Das Weingut Bullmann gibt es noch, es wird seit 1997 von Professor Gerald Brandstätter, dem Sohn von Emma Bullmann, geführt.

Geschichtliche Höhen- und Tiefflüge

Allgemein wird behauptet, der österreichische Wein habe erst durch den sogenannten Weinskandal einen Höhenflug unternommen. Das war – nur zur Erinnerung – im Jahre 1985 der Fall. Die Geschichte des steirischen Weines, und da ist in erster Linie jene des Weines der Süd- und Weststeiermark gemeint, lehrt uns mehrere Höhenflüge (nach denen dann immer ein Tiefflug kam): In der Untersteiermark (der größere Teil liegt heute in Slowenien) gab es ab 890 nach Christi Geburt Urkunden über den Weinbau. Natürlich haben die Kelten 400 vor Christi Geburt auch schon Wein in dieser Region angebaut, aber das ist bekannt und nicht so sehr dokumentiert. Fix ist jedoch, dass die erste große Blüte des Weinbaues im 15. Jahrhundert gewesen sein muss. Das Bistum Seckau zählte über 6.000 Weingärten. Im 16. und 17. Jahrhundert der Tiefflug durch Kriege, dann kam Maria Theresia, die so vieles Modernes in der Monarchie etablierte. In ihrer Zeit dürfte so viel Wein im eigenen Land gewesen sein, dass sie für die Einfuhr jeden Eimer Weines Zoll verlangen ließ.

Unter Josef II. wurde 1784 ein Edikt erlassen, wonach Weinbauern den eigenen Wein ausschenken und Speisen verabreichen durften. Die Buschenschank war damit begründet.

Der große Förderer des steirischen Weinbaues war dann Erzherzog Johann, der 1819 die „k.u.k. Landwirtschaftliche Gesellschaft für Steiermark" gründete. Wenn man soll will, war das der Vorläufer der Landwirtschaftskammer.

Erzherzog Johann hatte viel für Qualität übrig. Daher ließ er in Pickern nahe Marburg ein Musterweingut anlegen. Kellermeister aus vielen Regionen Europas hatte er eingeladen, dort zu arbeiten. Er selbst brachte aus anderen Ländern Rebstöcke mit in die Steiermark und legte damit den Grundstock für Klevner, Riesling, Traminer & Co.

Es war ein Höhenflug, den der Weinbau unter dem Erzherzog erlebte. Der Prinzenweingarten war ein Musterweingarten und Besucher kamen aus der gesamten Monarchie zum Studium des neuen, modernen Weinbaues.

Ja, und dann erfolgte der nächste Tiefflug. Der Mehltau (1850), die Peronospora (1878) und schließlich die Reblaus aus Amerika (1880). Ein Desaster für den Weinbau in Europa.

Hilfe der Steiermärkischen Sparkasse

Unendliches wirtschaftliches Leid für die Bauern war die Folge. Da trat die Steiermärkische Sparkasse als Helfer auf: Sie unterstützte die durch die Reblaus getroffenen Bauern und gewährte ihnen zinsenlose Darlehen. Die Sparkasse war 1825 aus der Landwirtschaftsgesellschaft hervorgegangen. Die Darlehen erreichten eine Höhe von 5,5 Millionen Kronen. Außerdem förderte die Sparkasse die Errichtung von Schulweingärten. Weil aber viele Bauern die Kredite nicht zurückzahlen konnten, blieb die Sparkasse auf Pfandrechten sitzen – kennen wir das nicht aus jüngster Zeit? Was tun mit den Weinbauflächen? Die Sparkasse ließ Musterweingüter ausbauen, in denen erste Veredelungen durchgeführt wurden. Es handelte sich damals um Flächen in der Größenordnung von etwa 230 Hektar. In der damaligen Zentrale der Steiermärkischen Sparkasse ist eine eigene Weinstube eingerichtet worden. Wenigstens brachten die Weingärten jetzt ein wenig Geld. Die meisten dieser Weingärten befanden sich südlich von Pettau/Ptuj. Die Weingärten im heutigen Slowenien sind der Sparkasse verloren gegangen. Das Weingut Kogelberg ist im Besitz der Sparkasse geblieben. Aus dem alten Winzerhaus ist eine Buschenschänke geworden. Die Steiermärkische Sparkasse hat längst eine andere Zentrale. In dieser befindet sich allerdings auch eine Weinstube der besonderen Art. Sabine Flieser-Just ist die Wirtin des „Blounge". Ein feines Restaurant, im dem wirklich ein Querschnitt der guten steirischen Tropfen geboten wird. Also, die Tradition ist somit geblieben.

Der Verlauf der Südsteirischen Weinstraße

Immer wieder wird die Südsteiermark mit der Toskana verglichen. Ich verstehe es, wenn man für alles Synonyme sucht. Beim Weinverkosten wird ja auch versucht, Geschmacksrichtungen zu entdecken, die mit Früchten, Schokolade, Kakaobohnen und was weiß ich noch alles benannt werden können. Wenn die Südsteiermark mit der Toskana verglichen wird, ist das auch so mit den Windischen Büheln oder dem Hügelland von Jeruzalem oder dem Collio und der Goriska Brda. Alles was sanfte Hügel hat, die von Reben bewachsen sind, wird immer gleich mit der Toskana verglichen. Das Weinland der Südsteiermark ist so einmalig, dass es nur mit dem Weinland der Südsteiermark verglichen werden kann.

Der Einstieg in die Südsteirische Weinstraße erfolgt von der Pyhrnautobahn kommend entweder über die Abfahrt Vogau-Straß oder über die Abfahrt Spielfeld. Das Ende dieser Straße ist Leutschach.

Ich beginne das Pferd von hinten aufzuzäumen und starte in Leutschach, da unsere zweite Reise in Eibiswald geendet hat. Dazwischen statten wir aber auch Arnfels unseren Besuch ab.

Auf alle Fälle gibt es drei Zentren dieser Weinstraße: Ehrenhausen, Gamlitz und Leutschach.

Ich empfehle zumindest mehrere Tage zu bleiben, um das Gebiet ein wenig aufzusaugen. Auf alle Fälle öfter kommen und die Straße in mehrere Abschnitte gliedern: einmal von Arnfels und Leutschach aus, dann Gamlitz als Ruhepunkt und schließlich Ehrenhausen. Oder aber hinauf auf die Hügel, einkehren in Bauernhöfen bei Winzern. Viele haben sogenannte „Winzerzimmer" in ihren Höfen eingerichtet. Das sind Zimmer mit komfortabler Ausstattung, immer in wunderschönen Landschaften bei netten Leuten mit vielen Erlebnisinhalten.

Die Südsteirische Weinstraße ist eine touristische Weinstraße vor allem im Herbst, wenn nicht nur die Grazer ausschwärmen zu Kastanien und Sturm, sondern Weinfreunde aus halb Europa der Südsteiermark ihre Aufwartung machen. Dass an manchen Strecken etwa die Hälfte der Straße auf slowenischem Hoheitsgebiet verläuft, hat schon zu pikanten Situationen geführt. Sie ist allerdings ebenso ein Zeichen einer guten nachbarschaftlichen Verbindung.

Die Zeiten der Sauftouren Marke „billiger geht nicht mehr" sind Gott sei Dank vorbei. Heute sind auch die Bustouristen anspruchsvoller, heute ist das Angebot qualitätsvoll. Dass sich da und dort Besucher melden, die Südsteiermark sei teuer, liegt in der Natur der Sache. Es kommt immer auf das Preis-Leistungs-Verhältnis an. Und da bietet eine Kulturlandschaft zwischen Ehrenhausen und Leutschach eben für fast jede Brieftasche etwas.

Der Naturpark Südsteirisches Weinland

Österreich hat 36 Landschaften das Prädikat „Naturpark" zuerkannt. Es sind Gegenden, die sich teilweise durch Unberührtheit, teilweise durch gepflegte Kulturlandschaften ergänzen. Sie bieten natürliche und kulturelle Höhepunkte für Menschen, die darin leben oder diese Räume besuchen. Im Naturpark Südsteirisches Weinland leben mehr als 40.000 Menschen auf rund 395 Quadratkilometern. Der Naturpark wird durch das Land Steiermark und durch EU-Gelder gefördert. Ziel ist es, „den Naturraum durch nachhaltige Nutzung in seiner Vielfalt und Schönheit zu sichern und die durch Jahrhunderte geprägte Kulturlandschaft zu erhalten" (Naturpark-Folder).

Der Tourismus ist ein sanfter, der Besucherstrom „soll gelenkt werden", naturkundliche Informationen stehen im Vordergrund. Zudem gibt es ein Schutzgebietsmanagement und es finden Forschungsprojekte statt. Der Naturpark schafft damit zusätzliche Arbeitsplätze. Der Naturpark ist praktisch überall und Mitglieder sind die Gemeinden Arnfels, Berghausen, Ehrenhausen, Eichberg-Trautenburg, Gamlitz, Glanz an der Weinstraße, Gleinstätten, Großklein, Heimschuh, Kaindorf an der Sulm, Kitzeck im Sausal, Leibnitz, Leutschach, Oberhaag, Obervogau, Pistorf, Ratsch an der Weinstraße, Retznei, St. Andrä-Höch, St. Johann im Saggautal, St. Nikolai im Sausal, Schlossberg, Seggauberg, Spielfeld, Straß in der Steiermark, Sulztal an der Weinstraße und Vogau. Mehr Informationen im Internet: www.naturparkweinland.at

Der Hopfen von Leutschach

Das Reininghaus Jahrgangspils zählt zu den besten Bieren Österreichs. Der Hopfen, der für dieses Pils benötigt wird, sollte natürlich der beste Hopfen Österreichs sein. Und der, so sagen die Fachleute, kommt aus Leutschach.

Mitten im Weinland einer der wichtigsten Rohstoffe für die Bierproduktion. Herrliche Vielfalt. 15 Familien bauen auf rund 50 Hektar Hopfen an. Der humusreiche Boden und das leicht mediterrane Mikroklima halten die Qualität des Hopfens stabil. Wenn auch die heimischen Brauereien aus Preisgründen immer mehr Hopfen importieren, der Leutschacher Hopfen hat wegen seiner Qualität Zukunft. Ein Nischenprodukt im Weinland Südsteiermark.

Die Glanzer Hoftour

Als vor Jahren die Glanzer Hoftour noch nicht offiziell aus der Taufe gehoben wurde (das war der 20. April 2008), bin ich die Tour mit dem damaligen Landesrat für Tourismus Hermann Schützenhöfer marschiert. Die Wanderstraße zu neun Bauernhöfen ist etwas länger als 20 Kilometer und normal in neun Stunden zu durchwandern (besser man nimmt sich ein Wochenende vor). Ich bin aber damals bei Abels Käsehof abgezweigt und dort …

Ausgangspunkt ist die größte Weintraube der Welt: eine Skulptur, die am höchsten Punkt der Tour aufgebaut ist. Von hier aus werden durch die Tour neun Genuss-Höfe verbunden. Der erste ist der Weinhof Narat-Zitz, dann weiter zum Blumenhof Marko, zum Brothof Atschko, weiter zum Himbeerhof Renner, einkehren im Landgasthaus Lamprecht, in Abels Wirtshaus am Käsehof, weiter zum Apfel-Kürbis-Ferienhof Pronegg, zum Reiterhof Schupanez und schließlich zum Lindenhof. Wein, Käse, gutes Essen, köstliche Himbeeren, Kutschenfahrten, duftende Blumen. Alle Sinne werden entlang der Hoftour geweckt – die Wadln übrigens auch (www.rebenland.at/glanzer-hoftour).

Neben der Glanzer Hoftour gibt es noch etliche andere Wander-Erlebniswege wie jenen durch die steilen Weinberge in Eichberg-Trautenhof (www.kollerhof.at).

Große Persönlichkeiten, große Weine

Das Südsteirische Weinland ist das Rebenland der großen Winzerpersönlichkeiten und der großen Weine. Beginnen muss man mit Dipl.-Ing. Roland Tscheppe, der seinerzeit die moderne Kellerwirtschaft in der Südsteiermark eingeführt hatte. Manfred Tement, Erich und Walter Polz, Alois Gross, Willi Sattler, Walter Skoff, die Familie Lackner-Tinnacher, Erwin Tschermonegg, Erwin Sabathi, Daniel Jaunegg, Engelbert Elsnegg, Wolfgang Maitz, Markus Pongratz, Andreas Tscheppe, Eduard Tscheppe, Otto Riegelnegg, Roland Repolusk – die Namen ließen sich fortsetzen, die Dichte der großen Winzer ist enorm. Die Mur und die Autobahn bilden praktisch die Grenze hin zur Südoststeiermark, wobei St. Veit am Vogau wiederum zur Südsteiermark gehört, und das liegt aber jenseits von Mur und Autobahn, ist aber angesichts des Weingutes der Familie Scheucher nicht zu vergessen. Die bekanntesten Rieden sind Graßnitzberg (Berghausen), Hochgraßnitzberg (Spielfeld), Zieregg (Berghausen), Obegg (Spielfeld) und Kranachberg (Gamlitz). Ganz oben auf der extrem steilen Riede Zieregg hockt ein anderer, kein Weinbauer, sondern ein Edelbrenner, Chutney- und Marmeladen-Rührer und Edelessig-Erzeuger, Felix Weinstock. Ein Erlebnis für sich. Darüber jedoch auf den folgenden Seiten.

Steirische Hoheiten

12 Winzer aus der Südsteiermark – ihre Weingärten und Betriebe liegen im Sausaler Gebiet – haben sich zu Ehren von Erzherzog Johann zusammengeschlossen, um jeweils nach genauen Richtlinien einen Wein namens „Steirische Hoheit“ zu keltern. Es sind dies die Weinbaubetriebe: Cramer, Gauitsch, Kitzeck; Felberjörgl, St. Andrä; Flurlweber, Lang; Gerngroß, Fresing; Kappel, Kit-

zeck; Kieslinger, Kogelberg; Kolb, Gleinstätten; Pronegg, Kitzeck; Pichler, St. Nikolai; Schauer, Kitzeck; Schneeberger, Heimschuh; Schwarz, Kitzeck; Warga-Hack, Kitzeck. Teilweise habe ich über die Kitzecker Winzer schon in der Reise zuvor geschrieben, doch seien nun alle Winzer dieser Aktion namentlich genannt. Mehr Infos unter: www.steirischehoheit.at

Steirischer Junker

Was 1995 als zarte Initiative einzelner Winzer unter der Stabführung der Marktgemeinschaft Steirischer Wein begann, hat sich zu einer attraktiven Marke entwickelt: Der erste Wein des jeweils neuen Weinjahres wird „Junker“ genannt und dieser Wein bringt die Lebensfreude, die Jugendlichkeit und die Frische des Steirischen Weines in die Öffentlichkeit. Zu Martini wird der Wein ausgeliefert und präsentiert. Da gibt es „Junker“-Feste quer durch Österreich und zahlreiche Weinfreunde pilgern in die Südsteiermark, um bei „Junker“-Winzern direkt zu verkosten und einzukaufen. In der gesamten Steiermark machen mehr als 50 Winzer an dieser Junker-Aktion mit. Sehr oft ist der „Junker“ – also ein Jungwein – ein Muskateller. Die Marke „Junker“ ist eine geschützte Marke und das Kennzeichen ist der Steirerhut mit dem Gamsbart.

Das Schloss Seggau

Nahe Leibnitz am Seggauberg liegt das mächtige Schloss Seggau, das sich seit mehr als 400 Jahren im Besitz des Bistums Graz-Seckau befindet. Ein Lapidarium beweist, die Geschichte des Seggauberges geht bis in die Römerzeit zurück. Im 12. Jahrhundert haben die Erzbischöfe von Salzburg hier eine Missionsstation errichten lassen. Diese wurde um eine Verwaltungszentrale erweitert und schließlich ab 1218 vom Bistum Seckau weiter ausge-

baut. Im Laufe der Zeit entstanden hier drei Burgen, von denen eine noch im Besitz des Erzbistums von Salzburg ist. Der Name Seggau stammt vom Besitztum Seckau ab. Heute ist das Schloss ein Kongresszentrum, das barocke Fürstenzimmer dient als Repräsentationsraum, der 300 Jahre alte Weinkeller als Aha-Erlebnis. Hier befinden sich Weinraritäten, die bis in das Jahr 1928 zurückreichen. Als Kuriosität gilt auch die Seggauer-Liesl, die größte historische Glocke der Steiermark, die im Rahmen von Schlossführungen besichtigt werden kann.

Das Schloss besitzt natürlich auch Weingärten von besonderer Güte. Es sind die Weine aus dem bischöflichen Weinkeller. Die Bewirtschaftung liegt in den Händen der Brüder Erich und Walter Polz. Und die beiden Großen des österreichischen Weingeschäfts bringen mit dem Jahrgang 2007 wieder Schwung in die altehrwürdige Anlage. Weinverkostungen und Führungen sowie der Kauf der Weine sind im Schloss möglich. www.seggau.com

Der Klapotetz

Die Vogelscheuche, die selbst die Vögel schon lieben gelernt haben, wird in der Südsteiermark und in der Štajerska (also dem slowenischen Teil der Steiermark, auch Untersteiermark genannt) Klapotetz (slowenisch = klopotec) genannt. Eine Art Windmühlen-Rad, das klappert und damit Lärm erzeugt. Dieser klappernde Lärm soll die Vögel aus den Weingärten verscheuchen. Vier Holzarten sind nötig, um einen Klapotetz zu erzeugen: Fichte für die Flügel, Buche für die Klöppel, Kastanie oder Esche für den Block und Kirsche für den Schlagbaum. Untersuchungen haben ergeben, dass nicht so sehr das melodische Klappern als vielmehr die Ultraschalltöne die Vögel vertreiben. In alter Tradition wird der Klapotetz am 25. Juli – zu Jakobi – aufgestellt und am 1. November zu Allerheiligen wieder abgebaut (manche bleiben das ganze Jahr stehen). Eine Prozedur, denn manche Klapotetze sind mächtig schwer. Jener am Demmerkogel (St. Andrä-Hoch) ist 16 Meter hoch, hat einen Flügeldurchmesser von 13 Metern und wiegt immerhin sechs Tonnen.
In Glanz an der Weinstraße wird jährlich ein Klapotetz-Straßenfest gefeiert (www.rebenland.at).
Und beim größten Klapotetz wird das Jakobi-Weinfest begangen (www.sulmtal-sausal.at).

Wir besuchen:

Bauernladen Klapothek, Arnfels
Gasthof Schusterpeter, Oberhaag
Brennerei und Imkerei Hernach, Arnfels
Weingut, Buschenschank Strablegg-Leitner, Eichberg-Trautenburg
Kollerhof, Weingut Lieleg, Eichberg-Trautenburg
Zur Schnapshöhle Silberschneider, Eichberg-Trautenburg
Weinbau Amandus und Carmen Adam, Kranach
Rebenlandhof, Leutschach
T.O.M. am Kochen, Leutschach
Tscheppes Lang-Gasthof, Leutschach
Weingut Jaunegg, Leutschach
Abels Wirtshaus am Käsehof, Leutschach
Weingasthaus Sabathihof, Leutschach
Weingut Sabathi, Leutschach
Kreuzwirt am Pössnitzberg, Leutschach
Weingut Muster-Poschgan, Glanz an der Weinstraße
Weingut Renner, Leutschach
Weinhof Narat-Zitz, Leutschach
Himbeerhof Renner, Glanz an der Weinstraße
Gasthof Weingut Mahorko, Glanz an der Weinstraße
Weinbau, Buschenschank Krampl, Schlossberg, Leutschach
Gasthaus Tscheppe an der Weinstraße, Sulztal
Weingut Buschenschank Dreisiebner Stammhaus, Sulztal
Weingut Arkadenhof Brolli, Eckberg, Gamlitz
Weingut, Restaurant, Genießer-Hotel Sattlerhof, Sernauberg, Gamlitz
Weingut Karl und Annemarie Riegelnegg, Sernauberg, Gamlitz
Jaglhof, Sernau, Gamlitz
Olwitschhof – Riegelnegg, Steinbach, Gamlitz
Weingut Buschenschank Peter Skoff, Kranachberg, Gamlitz
Weingut Lackner-Tinnacher, Steinbach, Gamlitz
Weingut Buschenschank Walter Skoff, Kranachberg, Gamlitz
Weinmanufaktur Schilhan, Kranach, Gamlitz
Buschenschank Tinnauer, Labitschberg, Gamlitz
Weingut Landgasthof Wratschko, Gamlitz
Weingut Gross, Ratsch an der Weinstraße
Schloss Gamlitz, Weingut Melcher, Gamlitz
Seminargasthof, Weingut Ferlinz, Eckberg, Gamlitz
Hotel Restaurant Weinlandhof, Gamlitz
Gasthof-Café Gamlitzer Hof, Gamlitz
Weingut Repolusk, Glanz
Weingut Erwin Tschermonegg, Glanz
Weingut Erich und Walter Polz, Grassnitzberg
Polz Buschenschank, Grassnitzberg
Weingut und Buschenschank Maitz, Ratsch an der Weinstraße
Felix Weinstock, Zieregg, Berghausen
Weingut Tement, Zieregg, Berghausen
Weingut Bullmann, Ratsch an der Weinstraße
Erzherzog Johann Weine, Ehrenhausen
Weingut und Buschenschank Neubauer, Spielfeld
Weingut Georgiberg, Berghausen
Vinofaktur, Ehrenhausen-Vogau
Weingut Buschenschank Grabin, Labuttendorf, St. Veit am Vogau
Weingut Scheucher, Labuttendorf, St. Veit am Vogau
Weingut und Weingartenhotel Harkamp, Flamberg, St. Nikolai im Sausal
Flamberger Bier, Hausbrauerei Löscher, St. Nikolai im Sausal

Bauernladen Klapothek

Leutschacher Straße 37, 8454 Arnfels
Telefon und Fax 0 34 55/66 44, www.klapothek.at
Geöffnet: Montag bis Freitag 8–12, 15–18 Uhr
Samstag 8–12 Uhr

Besitzer: Elfriede Jauk und Margrit Sallfellner

Wer im Rebenland unterwegs ist und Geschenke mit nach Hause nehmen oder sich gerne mit bäuerlichen Produkten der Region eindecken möchte, der ist in dieser „Boutique“ der Genüsse bei zwei sympathischen Unternehmerinnen richtig. Sie arbeiten mit „Gutes vom Bauernhof“ zusammen, sind ein bisschen Reformladen und Hildegard-Laden, sie verkaufen Kernöl, Marmelade, Honig, Edelbrände, Getreideprodukte, aber auch Kunsthandwerk wie gestickte Decken und Pölster, sie richten Buffet-Platten her und haben seit einiger Zeit ihre Produktpalette globalisiert. So bieten die beiden Damen Fair-Trade-Produkte wie Kaffee oder aus Zuckerrohr an. Auch Olivenöle habe ich schon gesehen. Üppig, dieses Angebot.

Gasthof Schusterpeter

Bischofegg 17, 8455 Oberhaag
Telefon 0 34 66/42 930
www.schusterpeter.at

Wirtin: Irmgard Ferlin

Eine geradezu herrliche Adresse zum Ausspannen und Urlaub genießen ist dieser Gasthof zwischen Eibiswald und Arnfels, im „Rebenland Leutschach“ gelegen. Ein wunderschönes Haus, mit sehr schönen Zimmern und einem tollen Zusatzangebot wie überdachtes Freibad, herrlicher Garten, viele Blumen und dann die Ausflugsmöglichkeiten, die von hier aus gemacht werden können. Radeln, wandern, Tennis spielen – alles ist möglich.

Die Küche ist bodenständig, das Restaurant für jedermann geöffnet, die Speisen schmecken köstlich. Hier passt einfach alles zusammen.

Steirischer Schwammerlsterz

200 g Maisgrieß, 1/2 l Wasser, 1 Zwiebel,
200 g Schwammerln oder Pilze, Salz, Pfeffer,
Butter, Knoblauch

Zwiebel kleinwürfelig schneiden und in heißer Butter anschwitzen lassen, die klein geschnittenen Schwammerln oder Pilze dazugeben und einige Minuten durchrösten lassen.

In der Zwischenzeit Wasser aufkochen, gut salzen und den Maisgrieß einrieseln lassen. Gut durchrühren, Hitze zurücknehmen, pfeffern und etwas Knoblauch einrühren.

Mit zwei Gabeln den Sterz „zerreißen“. Dann die gerösteten Pilze darüber gießen und gleich servieren.

Brennerei und Imkerei Hernach

Krast 9, 8454 Arnfels
Telefon 0 34 55/82 22

Imker: Josef Hernach

Einen Imker hatten wir noch nicht auf unserer Reise, doch, ganz am Beginn waren wir bei Andrea Sagmeister in Tobisberg zu Gast. Ihr Vater ist ein begnadeter und begeisterter Imker, was angesichts des Obstbaues in dieser Gegend ein Segen ist.

Bei Josef Hernach – von Arnfels in Richtung Oberhaag fahren, nach rund zwei Kilometern links halten – sind Freunde eines guten Edelbrandes und eines hervorragenden Honigs richtig. Honig und Brände werden im Hause bereits seit drei Generationen erzeugt. Stammkunden besitzt Josef Hernach in ganz Österreich. Qualität spricht sich herum.

Weingut und Buschenschank Strablegg-Leitner

Eichberg-Trautenburg 54, 8454 Arnfels
Telefon und Fax 0 34 55/429
strablegg-leitner@aon.at
Geöffnet: März bis Juni, September und Oktober
Weineinkauf das ganze Jahr über möglich

Winzer: Franz Strablegg-Leitner

Die Buschenschänke der Familie Strablegg-Leitner ist zwar nur sehr klein, die hausgemachte Jause auf alle Fälle eine Wucht und vor allem die Weine sind es, weswegen ein Feinschmecker hier einkehrt. Die Lagen Kaiseregg und Eichberg – alles Steillagen – sind es, die besondere Burgunderweine wie Grauburgunder, Sauvignon blanc, aber auch Morillon und vor allem den herrlichen Muskateller hervorbringen. Der Familienbetrieb bearbeitet rund 12 Hektar Weingärten. Nur eigene Trauben werden für Welschriesling & Co verwendet. Strablegg-Leitner ist ein Name, der bei vielen Verkostungen ganz vorne mitmischt.

Kollerhof, Weinbau Lieleg

Eichberg-Trautenburg 39, 8463 Leutschach
Telefon 0 34 54/439, Fax DW 12, www.kollerhof.com

Winzer: Familie Lieleg

Der Kollerhof gehört im Naturpark Südsteirisches Weinland zu den Top-Urlaubsadressen. Doch zuerst zum Weinbau. Schon etwas gehört vom „Smaragdhang"? Diese Südlage mit einer Steilheit von 40 Prozent ist der Top-Weingarten vom Weinbau Lieleg-Kollerhof. Hier werden Sauvignon blanc und Chardonnay angebaut. Die Lagen Trautenburg (Grauburgunder, Sämling 88, Morillon, Blauer Wildbacher, Blauburger, Zweigelt, Sauvignon blanc) und Reiteregg (Gelber Muskateller, Weißburgunder und Welschriesling) sind den weiteren Qualitätsweinen vorbehalten.

Die Buschenschänke wurde vor nicht allzu langer Zeit umgebaut und erneuert. Herrliche Lage, schöner Ausblick und hausgemachte Schmankerln. Wohnen beim Wein, nennt die Familie Lieleg ihren „Kollerhof". Ein außergewöhnliches Haus, zum Teil sehr modern und gemütlich eingerichtet. Ein Naturbadeteich beim Haus, Wellness-Einrichtungen, rundum Wanderwege (ein Wein- und Kulturwanderweg direkt beim Haus), Natur pur.

Die Arbeit wird in der Familie gut eingeteilt: Harald ist der Winzer, Papa Franz der Weinbauer im Garten, der Forstwirt und vor allem der Schafzüchter, Birgit die Wirtin und Marketing-Expertin.

Zur Schnapshöhle Silberschneider

Eichberg-Trautenburg 55, 8454 Arnfels
Telefon und Fax 0 34 55/370

Obst- und Fruchtbrände sind die Stärken von Fritz Silberschneider. Er hat im Keller einen Verkostungs- und Verkaufsraum gestaltet, der einer Höhle ähnelt. Dass so manche hier schon versumpft sind, ist nicht weiter als tragisch zu bezeichnen. So etwas kommt vor. Besonders in Erinnerung sind mir der Kriecherl-Fruchtbrand, ein Maschansker-(Apfel-)Brand und der Quittenbrand. Hervorragend auch Holunder, Vogelbeere oder der Nuss-Schnaps.

Weinbau Amandus und Carmen Adam

Kranach 17, 8463 Leutschach
Telefon 0 34 54/378, www.amandus.st

Winzer und Wirte: Amandus und Carmen Adam

Um es gleich vorwegzunehmen: Wer bei der Familie Adam einen Weinverkostungsabend anmeldet und durchführt, der benötigt die Übernachtungsmöglichkeit, denn bei Amandus und Carmen kann es lange dauern und es läuft immer genüsslich ab. Vier Komfortzimmer sind ja vorhanden. Der schmucke Hof liegt zwischen Leutschach und Gamlitz in 550 Meter Seehöhe. Der Blick in das Weinland ist also inkludiert in den Genussreigen. Amandus ist der Winzer, seine Weine (acht Weiß- und zwei Rotweine) sind außergewöhnlich wie er selbst. Aber doch südsteirisch, fruchtig, frisch bis wuchtig. Preise hat er schon eingeheimst für seine Tröpferln und gäbe es solche für Schmankerln, Carmen müsste solche für ihre Tätigkeit als Wirtin erhalten. Unbedingt verkosten (und kaufen): Gelber Muskateller ACA. Preislich hochinteressant, Nase, am Gaumen und beim Abgang beinahe unvergleichlich.

Rebenlandhof

Ehrenhausenerstraße 1, 8463 Leutschach
Telefon 0 34 54/271, Fax DW 4, www.rebenlandhof.at
Geöffnet: Dienstag bis Sonntag
Küche jeweils bis 21.30 Uhr

Wirtin: Bernadette Resch

Im Zentrum von Leutschach ist der schöne Rebenlandhof gelegen. Ein Haus mit Tradition, gemütlichen Speiseräumen und Stuben und einer sehr guten Hausmannskost. Auf Frische und Herkunft der Produkte legt die Wirtin besonderen Wert. Ihre Gäste sollen es gut haben. Im Hausgarten wachsen die frischen Kräuter und so werden den Besuchern auch aus der Naturküche Spezialitäten geboten. Die Mehlspeisen kosten! – sie sind wie alles hausgemacht.

Zum Übernachten stehen sieben komfortable Zimmer zur Verfügung.

Ritschert

200 g weiße, getrocknete Bohnen,
100 g getrocknete Käferbohnen, 200 g Rollgerste,
300 g Geselchtes, Karotte, Selleriewurzel,
150 g mehlige Erdäpfel, 1 Zwiebel, Schmalz,
Lorbeerblatt, Majoran, Thymian, Schmalz oder Öl,
Liebstöckl, Salbei, Salz, Pfeffer

Die Rollgerste und die Bohnen extra über Nacht in Wasser einweichen. Das Geselchte kochen (würzen mit Thymian, Majoran und Pfefferkörner). Zwiebel grob schneiden und in Öl oder Schmalz anrösten, in Würfel geschnittene Selleriewurzel, die gewürfelte Karotte dazugeben und mit dem Selchwasser und etwas Rindsuppe aufgießen. Würzen. Bohnen und Rollgerste dazugeben und köcheln lassen. Das gekochte Geselchte wird in mittelgroße Stücke geschnitten, die rohen Erdäpfel geschält und in Würfel geschnitten. Nach einer Stunde die Erdäpfel dazugeben und ganz zum Schluss das Geselchte beimischen. Jetzt nur mehr köcheln lassen.

T.O.M.® am Kochen

Arnfelser Straße 2, 8463 Leutschach
Telefon 0 34 54/700 99, www.trac.at
Geöffnet: Dienstag bis Samstag 10–23 Uhr
Küche mittags und abends
Sonntag, Montag geschlossen
Betriebsferien im August, zwei Wochen

Wirte: Tom und Katarina Riederer

Die außergewöhnlichsten Wirtsleute, die ich zwischen Graz und Marburg kennen lernen durfte, sind Thomas Riederer und seine Gattin Katarina. Tom kocht in einem alten Wirtshaus, das innen modern gestaltet wurde. Tom lässt sich auf die Finger blicken. Durch ein Schaufenster kann von außen in die Küche gesehen werden. Die ist modern, sauberst und gibt den philosophischen Glanz ihres Chefs wider. Was T.O.M. kocht, hat Hintergrund, eine ideologische Basis und vor allem ein handwerkliches und kreatives Geschick. Er kocht regional, wobei für ihn das Rebenland, die Südsteiermark und der Alpen-Donau-Adria-Raum als große Region verstanden werden wollen. Er spricht von „regionaler Avantgarde" und meint damit einen freien Blick für Geschmacksverbindungen aus aller Welt, die ständig weiterentwickelt werden sollen und einfließen in den eigenen Stil und in den eigenen Charakter. Katarina, die charmante Patronin im Service, lässt die Gäste in eine ungezwungene, beinahe familiäre Atmosphäre eintauchen.

T.O.M. kocht auch mit Gästen, da gibt es tolle Kochkurse. Er diskutiert gerne über Weine, daher immer wieder Weinseminare. Es gibt auch ein Gästezimmer, so ungewöhnlich und charmant wie die Gastgeber selbst. Unbedingt rechtzeitig reservieren.

Klachlsuppe nach Stammhaus-Art

4 Schweinshaxerln im Ganzen, Suppengrün, frischer Majoran, Muskat, Kümmel, Salz, Pfeffer, Sauerrahm, Zitronenschale, frischer Kren, scharfer Senf, Mehl, Ei und Brösel zum Panieren, Schweineschmalz, 2 EL Sauerrahm, Apfelbalsamessig

Schweinshaxerln in zwei Liter Wasser zustellen und zum Kochen bringen. So lange köcheln, bis sich die Knochen leicht vom Fleisch lösen. Gewürze und Suppengrün dazugeben und etwa 15 Minuten weiter köcheln. Klachlfleisch herausnehmen und auslösen. Etwas überkühlen und in einen Zentimeter dicke Scheiben schneiden. Diese Haxerlscheiben mit Senf bestreichen und mit Kren bestreuen. Dann klassisch panieren und in Schweineschmalz herausbacken. Die Haxlsuppe abseihen und mit Sauerrahm leicht binden. Würzig mit Salz und Pfeffer abschmecken und mit den ausgebackenen Klachl-Scheiben und dem Gemüse anrichten.

Tscheppes Lang-Gasthof

Hauptplatz 4, 8463 Leutschach
Telefon 0 34 54/246, Fax 64 46 21
www.langgasthof-tscheppe.at
Restaurant geöffnet: 9–15 Uhr, 17.30–22 Uhr
Wochenende durchgehend
Ruhetag Sonntag ab 16 Uhr

Wirt: Walter Tscheppe

Landgasthof ist ja bald einer, aber ein so langer Gasthof, der muss sich schon als solcher outen. Daher der ungewöhnliche Name, der nicht auf einen Schreibfehler hindeutet, sondern darauf, dass dies der längste Gasthof der Südsteiermark ist. Und ein schöner noch dazu, in dem es sich gut urlauben lässt. Verfügt doch der Gasthof über einen sehr guten Wellness-Bereich, der sich des Leutschacher Hopfens bedient. Kraft aus dem Hopfen, nicht nur beim Bier trinken, sondern als Wirkstoff von außen. Im Hotel werden Hopfen- und Heubäder angeboten. Das Hotel verfügt über vier Sterne, bietet 74 Betten und das Stammhaus – also der alte Teil – stammt aus dem 16. Jahrhundert. Rund 100 Meter vom Stammhaus nach hinten erstreckt sich das Hotel, daher der Name Lang-Gasthof. Das Restaurant ist gutbürgerlich, bietet regionale und internationale Küche, die besten Weine der Region und vor allem eine gemütliche Atmosphäre. Eine Gaststube und zwei Säle sind für Familien- und Firmenfeiern ebenfalls geeignet.

Schwammerlsuppe

300 g frische Schwammerln, 20 g Fett, 1 Zwiebel, 3/4 l Wasser, Salz, Pfeffer, Thymian, grüne Petersilie, Essig, Pfeffer, 2 EL Süßrahm, zwei Erdäpfel

Die Schwammerln putzen, schneiden und mit fein geschnittener Zwiebel anrösten. Klein geschnittene Erdäpfel dazugeben, mit Mehl oder Maizena stauben, mit Wasser oder Rindsuppe aufgießen und würzen. Aufkochen lassen, mit Petersilie und Thymian verfeinern bzw. abschmecken.

Weingut Jaunegg

Eichberg-Trautenburg 160, 8463 Leutschach
Telefon 0 34 55/67 54, Fax DW 4, www.jaunegg.at
Weingut geöffnet: Montag bis Samstag 9–12, 13–18 Uhr
Sonntag 9–12 Uhr
Zimmer: März bis November

Daniel Jaunegg gehört zu jener jungen Generation steirischer Winzer, die den alten Hasen mit ihren Kreszenzen gehörig um die Ohren fahren. Wo Daniel mit seinen Weinen zu einer Prämierung auftaucht, gibt es Preise oder Top-Platzierungen. Die Jauneggs sind hoch oben über Eichberg-Trautenburg angesiedelt. Ein ideales Gelände für besondere Weinqualitäten – Sauvignon blanc und Muskateller sind die Leitsorten. Mit Mama Johanna und Papa Johann ein familiärer Paradebetrieb.

Abels Wirtshaus am Käsehof

Fötschach 9, 8463 Leutschach
Telefon und Fax 0 34 54/63 84, www.kaesehof-abel.at
Geöffnet: Montag und Dienstag ab 17 Uhr
Freitag bis Sonntag 12–21.30 Uhr
Ruhetage: Mittwoch und Donnerstag
(außer an Feiertagen und im Herbst)

Wirte: Gabi und Andreas Abel

Wenn die Abels behaupten, sie hätten eines der gemütlichsten Wirtshäuser in der Südsteiermark, dann kann ich nur zustimmen. Denn zu dem wunderschönen Ambiente des alten Stalles, der zu einem schönen Restaurant umgebaut wurde, kommt auch noch die Persönlichkeit der Wirtsleute. Kernig, fröhlich, sympathisch. Es wird steirisch aufgekocht, doch Gabriela, die Wirtin und Küchenchefin, schweift gerne in mediterrane Gefilde aus. Eine Kombination, die vielen Gästen gefällt. Dass die Räumlichkeiten unter mächtigem Ziegelgewölbe für Hochzeiten himmlisch sind, sollte nicht unerwähnt bleiben. Das Wirtshaus liegt am Rande der Fötschacher Ebene von Leutschach kommend beim Schloss Trautenburg vorbei in Richtung Südsteirische Weinstraße.

Bärlauchsuppe

1 Bd. Bärlauch, 2 Schalotten,
1/2 l Hühnersuppe oder klare Gemüsesuppe,
1/4 l Süßrahm, Olivenöl, Butter, Salz, Pfeffer,
Muskatnuss

Schalotten kleinwürfelig schneiden und in Olivenöl-Butter anschwitzen, fein gehackten Bärlauch dazugeben, mit Weißwein ablöschen, mit Suppe aufgießen, durchkochen lassen. Dann mit dem Schlagrahm verfeinern, gut abschmecken und servieren. Als Garnitur frische Bärlauchstreifen auf die Suppe geben.

Weingasthof „Weingut Sabathihof“

Glanz 142, 8463 Leutschach
Telefon 0 34 54/495, Fax DW 4, www.sabathihof.com
Geöffnet: Mittwoch bis Sonntag 11.30–14 und 18–21 Uhr
Montag, Dienstag Ruhetage
(außer September und Oktober)

Wirte: Melitta und Guido Dillinger

Steirische und österreichische Küche pur: Von der Flecksuppe bis zum Kalbsnierenbraten bietet Küchenchef Guido Dillinger seinen Gästen in dem schmucken Weingasthof alles, was die heimische Küche an besonderen Schmankerln anzubieten hat. Weine aus dem eigenen Weinbau und wer es länger genießen möchte, dem werden Winzerzimmer angeboten. Das Rebenland vor der Haustüre, im Herbst der Duft der Hefe, Sturmzeit ist auch eine gute Jausenzeit für das eigene Wohlbefinden. In diesem Haus passt alles zusammen. Im Keller des Haupthauses hat die Familie Dillinger ein „Urbanium“ eingerichtet: Weinkeller, Verkosten, Seminare abhalten – es ist hier vieles machbar und vor allem sehr, sehr gut.

Klachlsuppe

1 1/2 kg Schweinshaxe,
ein großes Stück Schweineschwarte, 1 1/2 l Wasser, Wurzelwerk (Karotte, Petersilien-Wurzel, Sellerieknolle, grüne Petersilie), Zwiebel, Knoblauchzehen, Lorbeerblätter, Weinessig, frischer Kren, Majoran, Kümmel, Salz, Pfeffer

Die Schweinshaxe vom Fleischhauer in dicke Scheiben schneiden lassen. Gut säubern und in kaltem Wasser mit dem Wurzelwerk, der Schwarte, den würfelig geschnittenen Zwiebeln, Majoran, Kümmel, Lorbeerblättern, Salz und Pfeffer aufkochen. Dann Feuer zurücknehmen und rund zwei Stunden alles leicht köcheln lassen. Den zerdrückten Knoblauch erst gegen Ende der Garzeit dazugeben. Das Fleisch herausnehmen und warm stellen, die Suppe abseihen. In einem Topf Butter oder Schmalz heiß werden lassen, etwas Mehl einrühren und mit der frischen Klachlsuppe ablöschen und aufkochen lassen. In die Suppe einrühren, mit Essig, Salz, Pfeffer und grüner Petersilie abschmecken.

Als Beilage Sterz servieren. In manchen Gegenden wird in die Klachlsuppe auch Rollgerste als Einlage gegeben.

Weingut Erwin Sabathi

Pößnitz 48, 8463 Leutschach
Telefon 0 34 54/265, Fax DW 6, www.sabathi.com
Geöffnet: Montag bis Samstag 10–12, 13–17 Uhr
Sonntag 10–12 Uhr
Ab Mitte Juli bis Mitte August Betriebsurlaub

Winzer: Erwin Sabathi

Der junge Winzer Erwin Sabathi ist längst schon in den Olymp der besten Weinmacher der Steiermark entflogen. Erwin ist in der dritten Generation auf dem 2004 völlig neu gebauten Gut der Weinmacher. Gemeinsam mit seinen Brüdern Gerd und Christoph bildet er ein starkes südsteirisches Team. Die Weinlinien sind „Klassik", „Lagen", „Merveilleux" und „Prädikat".

Mit der Lage Pössnitzberg steht Sabathi eine der besten der Südsteiermark als Terroir zur Verfügung. Preise, Titel, Prämierungen – für Erwin Sabathi setzt es jährliche große Weinprädikate. Vor allem die Zeitschrift „Falstaff" zeichnet ihn Jahr für Jahr wegen der besonderen Weine aus.

Der Betrieb, dessen Weine in den wichtigsten Vinotheken Österreichs erhältlich sind, bietet auch Gästezimmer an.

Kreuzwirt am Pössnitzberg

Pößnitz 168, 8463 Leutschach
Telefon 0 34 54/20 56 00, www.gasthaus-kreuzwirt.at
Geöffnet: Donnerstag 19–21 Uhr
Freitag bis Montag 12–14, 19–21 Uhr
Ruhetage: Dienstag, Mittwoch, Donnerstag
im Herbst nur Dienstag geschlossen

Wirt: Gerhard Fuchs

Ob der Kreuzwirt die beste Speise-Adresse der Steiermark ist, soll jeder Feinschmecker selbst beurteilen. Die Küche des Hauses jedenfalls ist derart einfach, aber so raffiniert und kreativ, dass es einem die Sprache verschlägt. Gerhard Fuchs und sein Team zeigen mit jedem Arbeitstag, wie konzentriert, engagiert und von höchstem Qualitätsenthusiasmus getrieben ihre Küche die Feinspitze befriedigen kann.

Den Brüdern Erich und Walter Polz ist es zu danken, dass sie den Kreuzwirt – einst ein Tscheppe-Haus – übernommen, ausgebaut und an Fuchs als Pächter übergeben haben.

Fuchs kennt die Gegend, die Bauern und kauft Grundprodukte direkt ab Hof. Ich kann mir vorstellen, wie sehr er mit den Bauern diskutiert hat, wie er seine Produkte haben möchte.

Es ist kein billiges Restaurant, natürlich nicht, aber die Zufriedenheit über Preis- und Leistungsverhältnis hat bei mir immer obsiegt. Die Weinauswahl ist toll und nicht zu Polz-lastig.

Im Nebenhaus befindet sich ein kleines, feines Hotel: Genusshotel Tscheppe am Pössnitzberg. Auch das alte Weingut Tscheppe wird von den Brüdern Polz geführt. Eine Zusammenarbeit mit Eduard und Stefan Tscheppe, nach der Insolvenz des väterlichen Betriebes im Jahre 2002, ist 2006 beendet worden.

Auf ein Rezept von Gerhard Fuchs habe ich verzichtet. Das, was in dieser Restaurantküche „aufgeführt“ wird, kann man nicht einmal ansatzweise nachkochen. Daher liebe Gäste, behaltet den Genuss in guter Erinnerung.

Weingut Muster-Poschgan

Pößnitz 46, Glanz an der Weinstraße, 8463 Leutschach
Telefon 0 34 54/255, Fax DW 4, www.musterweine.at
Geöffnet: 8–18 Uhr

Winzer: Rudolf Muster junior und senior

Außerhalb der Steiermark mag der Betrieb Muster nicht so bekannt sein, doch wer einmal die Weine aus diesem Haus getrunken hat, greift immer wieder darauf zurück.

Die Weine sind fruchtig, schlank, elegant, sortentypisch bis zart aromatisch. 2002 wurde der Gewölbekeller ausgebaut. Er ist wuchtig, groß und wird gerne für Hochzeiten angemietet. In diesem neuen Keller werden die Barriques gelagert und darin Weine gereift.

Schade, dass dieses schöne Haus mit den guten Weinen nur zwei Gästezimmer anbieten kann.

Weingut Renner

Pößnitz 79, 8464 Leutschach
Telefon 0 34 54/64 83, Fax DW 4, www.karl-renner.at
Geöffnet: 12–18 Uhr

Winzer: Karl Renner

Das sechs Hektar große Weingut an der Grenze zu Slowenien liegt in rund 400 Meter Seehöhe und ist mit Karl Renner zu einem der Top-Betriebe aufgestiegen. 80 Prozent der Rebflächen gelten dem Weißweinanbau, auf 20 Prozent wird Zweigelt angebaut. Die Philosophie von Karl Renner klingt einfach und logisch: Er möchte eigenständige, charaktervolle und langlebige Weine produzieren. In ihnen soll sich der Boden und das Klima wiederfinden. Tatsächlich sind die Renner-Weine sehr individuell, mineralisch und sehr lebendig.

Weingut Narat-Zitz

Pößnitz 67, Glanz an der Weinstraße
8463 Leutschach
Telefon 0 34 54/351, www.narat-zitz.at
Geöffnet: Montag bis Samstag 9–18 Uhr

Winzer: Roswitha und Albin Narat-Zitz

Der Weingarten ist mit drei Hektar nicht groß, die Weine sind es schon. Welschriesling, Sauvignon blanc und Sämling bei den Weißweinen, Zweigelt bei den Roten – das sind die Leitsorten des schmucken Betriebes, wenige Schritte von der Skulptur mit der größten Traube der Welt entfernt.

Die Familie bietet Winzerzimmer an, die leider viel zu schnell ausgebucht sind. Sie sind nämlich wahre Urlaubsparadiese. Neben dem Weinbau bietet das Haus selbstgemachte Edelbrände an. Das Obst dafür stammt von den Streuwiesen rund ums Haus.

Himbeerhof Renner

Langegg 24, Glanz an der Weinstraße
8463 Leutschach
Telefon 0 34 54/448
Hofladen geöffnet:
Montag bis Samstag 9–19 Uhr, Sonntag 9–17 Uhr
Donnerstag geschlossen

Bäuerin: Margarete Renner

Das ist auch so ein Kleinod entlang der Glanzer Hoftour: Bei Margarete wird eingekauft. Vom Wein über den Likör bis hin zu den feinsten Marmeladen. Die Himbeere steht bei vielen Produkten im Vordergrund. Wer will, kann sich hier mit recht attraktiven Geschenkskörben eindecken. Es ist alles so lieb dekoriert und hergerichtet. Da steckt unendlich viel Liebe, Arbeit und Geduld hinter den Produkten.

Gasthof Weingut Mahorko

Glanz an der Weinstraße 82, 8463 Leutschach
Telefon 0 34 54/70 90, Fax DW 70
www.mahorko.at

Wirte und Winzer: Familie Mahorko

Weine und das Angebot der Gastronomie halten sich bei dieser Herzeigefamilie die Waage: Alles von großer Güte. Bei den Weinen zeigt sich das an den Preisen und zahlreichen Finalqualifikationen bei großen Bewerben. In der Gastronomie an den schönen Zimmern, dem guten Essen und dem herzlichen, kompetenten Personal. Ein Haus, in dem jeder Gast willkommen ist. Das spürt man.

Steirisches Wurzelfleisch

1 kg Schweinefleisch (Schulter), 1 1/2 l Wasser, 120 g Selleriewurzel, 60 g Petersilienwurzel, 120 g Karotten, 60 g geriebener Kren, Essig, Salz, Pfefferkörner, 1 Zwiebel, 2 Knoblauchzehen

Wasser aufkochen lassen und das Fleisch mit den Gewürzen dazugeben. Auf kleiner Flamme rund 45 Minuten köcheln lassen. Das geputzte Gemüse in feine Streifen schneiden, zum Fleisch geben und bissfest kochen. Das Fleisch herausnehmen, in Scheiben schneiden, das Wurzelwerk darüberlegen und mit Suppe begießen. Mit frisch geriebenem Kren garnieren und servieren.

Weinbau, Buschenschank Krampl

Schlossberg 9, 8463 Leutschach
Telefon 0 34 54/63 66
Geöffnet: täglich 10–20 Uhr

Winzer: Friedrich und Walpurga Krampl

Ein Erbhof ist das Gut Krampl und bereits in der vierten Generation im Besitz der Familie. Weißburgunder, Chardonnay, Muskateller, Sauvignon blanc, Grüner Sylvaner und Zweigelt sind die Weine, die hier in guter Lage direkt an der Grenze zu Slowenien angebaut und gekeltert werden. Dem Winzer steht Sohn Christian tatkräftig zur Seite, während Walpurga für die Gäste der Buschenschank zuständig ist. Sie bäckt ein wunderbares Brot und tischt herrliche Jausen auf. Darüber hinaus werden auch Schnäpse gebrannt.

Gasthaus Tscheppe an der Weinstraße

8461 Sulztal
Telefon 03453/75 75, Fax DW 77
www.tscheppe.net
Geöffnet: Mittwoch bis Sonntag 11–23 Uhr
Montag (außer September und Oktober) und
Dienstag geschlossen

Wirtin: Katharina Tengler-Tscheppe

Aus dem Tscheppe-Imperium blieb dieses gemütliche und große Wirtshaus mit der besonderen Lage an der Weinstraße der Familie erhalten. Katharina, die Tochter des legendären Winzers, hat es im Besitz und ist nicht nur Seele des Hauses, sondern auch eine Gastgeberin mit Charme, Kompetenz und Kreativität. Der Panoramablick von der Terrasse in das Weinbaugebiet der Štajerska, der Untersteiermark in Slowenien, ist herrlich, die Speisen sind es auch.

Kathis Brüder sind nicht mehr in der Heimat: Stefan ist in die Vereinigten Staaten gegangen und keltert Weine in Kalifornien, Eduard zog es nach Oggau, wo er das Gut Oggau von Tscheppe und Eselböck führt. Übrigens, die Weine des Brüderpaars sind im heimatlichen Gasthaus natürlich zu genießen.

Kürbis-Karottentorte

6 Dotter, 150 g Staubzucker,
80 g Mehl, Backpulver, Salz,
200 g Karotten, 200 g Kürbiskerne

Dotter mit Zucker und einem Schuss Apfelbrand schaumig rühren. Das Eiklar zu steifem Schnee schlagen. Mehl, eine Prise Salz, eine Prise Backpulver, die fein geriebenen Kürbiskerne und die fein geriebenen Karotten sowie den Schnee vorsichtig in die Eimasse heben. In eine gut befettete und bemehlte Tortenform geben und im Rohr bei 180 Grad rund 50 bis 60 Minuten backen.

Weingut Buschenschank Dreisiebner Stammhaus

Sulztal an der Weinstraße 35, 8461 Ehrenhausen
Telefon 0 34 53/25 90, Fax DW 22
www.dreisiebner.com
Geöffnet: Buschenschank von April bis Mitte November täglich ab 14 Uhr
Mittwoch Ruhetag. Mitte Nov. bis Mitte Dez., Feb. bis März Fr bis So ab 14 Uhr
Sommerpause von 7. bis 17 Juli.
Weinverkauf: ganzjährig von 10–18 Uhr

Winzer: Hannes Dreisiebner

Der Name Dreisiebner ist wie der Name Polz in der Südsteiermark gut verbreitet. Daher ist es bei den Weinen wichtig, das Etikett genau zu lesen. So gibt es beispielsweise das Weingut und die Buschenschank Dreisiebner-Muster (in Gamlitz Grubtal), Siegfried Dreisiebner (in Ehrenhausen, Ottenberg) und auch die kleine, feine Buschenschänke von Adolf und Berta Dreisiebner (Sulztal 44). Allesamt Betriebe mit hoher Qualität, ausgezeichneten Weinen und wunderbaren Jausen.

Ich bin im Dreisiebner Stammhaus hängen geblieben. Die Aussicht von der Terrasse dieser Buschenschank ist grandios, das Angebot an Speisen ebenfalls. Zudem besteht der Hof schon seit mehr als 100 Jahren und Josef Dreisiebner füllt schon seit Ende der 40er Jahre den Wein in Bouteillen ab. Großer Weitblick. Das Dreisiebner Stammhaus ist ein Familienbetrieb, in dem die jungen Winzer Hannes und Rudolf in der Vinifizierung den Ton angeben. Die Weine von der Riede Hochsulz sind besondere Granaten, wobei hier der im Image nicht so hochgestellte Sämling zu besonderem Glanz gelangt. Die Weine vom Stammhaus gibt es ab Hof, in ausgesuchten Vinotheken und vor allem in den Listen der prämierten österreichischen Weine. Die können was, die Dreisiebner. Auch bei den Winzerzimmern: komfortabel und gemütlich ausgestattet. Der Weg ist einfach: Von Gamlitz hinauf in die Südsteirische Weinstraße und von dort führt eine gut gekennzeichnete Straße in das Sulztal.

Weingut Arkadenhof Brolli

Eckberg 43, 8462 Gamlitz
Telefon 034 53/ 23 41, Fax DW 4, www.brolli.at
Geöffnet: März bis November
Dienstag bis Sonntag 9–20 Uhr

Winzer: Reinhard Brolli

Am Arkadenhof kommt niemand vorbei, der die Südsteirische Weinstraße abfährt. Es ist einer der größten Betriebe direkt an der Straße. Eigene Vinothek mit einem schönen Verkostungsraum (geführte Verkostungen gegen Voranmeldung), eine große, gemütliche Buschenschank und sehr gute Weine, für deren Qualität mittlerweile der Sohn des Hauses, Reinhard F. Brolli, verantwortlich zeichnet. Mama Gene M. Brolli ist für den Verkauf und die Betreuung der Gäste in der Buschenschank zuständig. Alles läuft hier sehr professionell ab, was nicht heißt, dass hier auf ökologische Produktion nicht Wert gelegt wird. Im Gegenteil, die Brollis versuchen ständig Qualitätsverbesserungen in dieser Richtung durchzuführen. Die Linien sind typische südsteirische: Klassik und Lagenweine. Vater Franz ist der Rotweinspezialist, Sohn Reinhard ist für die Weißweine Weinbau- und Kellermeister.

Weingut und Restaurant Sattlerhof

Sernau 2a, 8462 Gamlitz
Telefon 0 34 53/44 54, Fax DW 44, www.sattlerhof.at
Restaurant geöffnet: Dienstag bis Sonntag 18–21 Uhr
Weingut geöffnet: Montag bis Samstag 10–18 Uhr,
im Winter 14–18 Uhr

Willi und Hannes Sattler
Mitglied der Steirischen Terroir- und Klassik-Weingüter

Der Sattlerhof zählt zu jenen Adressen in der Südsteiermark, die schon viele Jahre internationale Bedeutung erlangt haben. Zwei Brüder haben dem Gut Persönlichkeit und Klasse gegeben. Zu einer Zeit, als das Wort „Qualität" noch sehr selten und Philosophie im Weinbau und in der Wirtshauskultur ausgeprägt waren, haben die Sattler-Brüder für die Südsteiermark neben einigen anderen Persönlichkeiten Geschichte geschrieben.

Der Betrieb ist dreigeteilt: der Weinbau mit Willi Sattler, die Gastronomie mit Hannes und das Genießerhotel.

Wenn von Terroir, von südsteirischer Klassik und vom enormen Potenzial der Lagenweine gesprochen wird, dann nimmt man unwillkürlich auch den Namen „Sattlerhof" in den Mund. Seit mehr als 20 Jahren arbeitet Willi Sattler im Weingarten und im Weinkeller mit Bedacht, Freude und Innovation, um ständig die Qualität aller Kreszenzen verbessern zu können. Die Lagen sind ideal: Sernauberg, Kranachberg und Pfarrweingarten. Vor 12 Jahren war ich das erste Mal am Sattlerhof, um meinen kleinen Weinkeller mit den Besonderheiten dieses Winzers auszustatten. Es war Ende November, Willi war nicht im Hause, aber seine Gattin, ausgestattet mit einem dicken Wintermantel, weihte mich damals geduldig in die Philosophie des Winzers ein und bot mir alle Weine zum Kosten an. Ich habe – wie meist – nicht gesagt, dass ich als Journalist unterwegs bin.

Seit damals habe ich bei unzähligen Verkostungen die Sattlerhof-Weine noch mehr schätzen und lieben gelernt.

Beim Restaurant ist es ähnlich. 1997 habe ich das erste Mal dort gespeist und war begeistert, da die Südsteiermark noch sehr dünn gesät war mit innovativen Wirtshausküchen. Damals hatte Hannes Sattler schon sieben Jahre eine Gault-Millau-Haube inne. Für die Südsteiermark eine Sensation. Hannes Sattler habe ich dann gebeten, für mein Büchlein über Spargel ein Rezept zur Verfügung zu stellen. Eines davon möchte ich diesmal wiederholen. Die Küche ist wie die Weine von Jahr zu Jahr noch besser, aber auch regionaler geworden. Vor allem im Wirtshaus – Hannes Sattler hat ein Wirtshaus aus dem Genießer-Restaurant herausgeschält und bietet dort bäuerliche Wirtshausküche (mittags bis 17 Uhr) an. Eine gute Idee, die auch zieht. Zum Schluss sei noch das Wohnen erwähnt: Im Genießer-Hotel Sattlerhof bereitet dies Freude und Behaglichkeit.

Anreise: Von Ehrenhausen durch Gamlitz durch und gleich danach nach links abbiegen. Gut angeschrieben.

Geräucherter Lammschinken mit Spargel

100 g Lammschinken, 9 grüne und 9 weiße Spargelstangen
Vinaigrette: 1/16 l aromatischer Essig (Himbeeressig oder Auslese-Essig), Olivenöl, Salz, weißer Pfeffer, gehackte Petersilie und Kerbel,
1 gekochtes, gehacktes Ei, etwas Salat zur Dekoration

Für die Vinaigrette Essig und Öl vermischen, die weiteren Zutaten sowie die hinteren Stücke des gekochten und in feine Scheiben geschnittenen Spargels dazugeben. Geräucherten Schinken auf Teller anrichten, lauwarme weiße und grüne Spargelspitzen abwechselnd auf den Schinken legen und die Vinaigrette mit einem Löffel verteilen. Mit marinierten Salaten dekorieren.

Dazu empfiehlt Hannes Sattler einen „Weißburgunder Steirische Klassik“ – natürlich vom Bruderherz.

Weingut Karl und Annemarie Riegelnegg

Sernau 21, 8462 Gamlitz
Telefon 034 54/490, www.riegelnegg-karl.at
Geöffnet: Montag bis Samstag 10–19 Uhr

Winzer: Karl und Annemarie Riegelnegg

Gamlitz Sernau hat es in sich: ein Top-Winzer neben dem anderen, gute Gourmetadressen, herrliche Landschaft, wunderbare Aussichten. Riegelnegg ist ein Name, der Bedeutung hat. Und in meinen Aufzählungen kann ich gleich zwei davon anbieten. Karl und Anna bewirtschaften etwa sechs Hektar Weinland und keltern aus den Trauben herrliche Weine, die es immer wieder bei Prämierungen bis an die Spitze bringen. Ein Familienbetrieb zum Herzeigen: die Eltern, drei Töchter, ein Sohn (Silberberg-Absolvent) und die Oma als guter Geist des Hauses. Die Reben befinden sich auf den Rieden Sernauberg und Felsenriegel. Neben den klassischen südsteirischen Weißweinen werden auch Zweigelt und Blauer Wildbacher hergestellt. Obst – wie Marillen und Zwetschken – wird gebrannt. In einem putzigen Winzerhaus haben die Riegelneggs ein Gästehaus eingerichtet. Kuschelig, ganz oben am Sernauberg. Ein Traumplatzerl für Verliebte, eine Familie oder gute Freunde. Es gibt drei Schlafzimmer (alle mit Bad), eine Küche und eine Eckbank. Fernsehen ist nicht notwendig, der Blick ins Land ist viel schöner.

Jaglhof

Sernau 25, 8462 Gamlitz
Telefon 0 34 54/66 75, Fax DW 12, www.jaglhof.at
Geöffnet: Montag, Dienstag, Donnerstag 17–22 Uhr,
Freitag und Samstag 12–22 Uhr, Sonntag 12–19 Uhr
Ruhetag: Mittwoch

Wirt: Michael Mauser

Landschaft, so weit das Auge reicht. Beinahe auch aus der Badewanne heraus. Jawohl, das Hotel Jaglhof ist ein schönes gastronomisches Fleckchen in der Südsteiermark. Ein Haus der Ruhe, der guten Weine und Küche. Einfach herrlich. Zwar nur sieben Zimmer, die sind jedoch schnörkellos eingerichtet und, wie gesagt, der Aussicht gewidmet. Gekocht wird phantastisch. Jeden Sonntag ein Braten, unter der Woche heimische, regionale Spezialitäten, regionale Produkte und doch immer wieder internationale Geschmackseinflüsse.

Schweinsbraten

750 g Schweinsschopf, 500 g Schweinsbauch, 4 Knoblauchzehen, Kümmel, Salz, Pfeffer, Thymian, Öl, Butterschmalz

Das Fleisch gut mit Kümmel, Thymian, Salz und Pfeffer gut würzen. Die Hälfte der Knoblauchzehen stifteln und einige davon in das Fleisch spicken. Mit Öl und Butter im Rohr bei Niedrigtemperatur (160 Grad) rund zwei Stunden braten. Manchmal Wasser oder klare Suppe nachgießen und immer wieder den Braten mit dem eigenen Saft übergießen. In der letzten halben Stunde den restlichen Knoblauch dazugeben. Geviertelte, geschälte Erdäpfel mitbraten.

Weingut Olwitschhof – Otto Riegelnegg

Steinbach 52, 8462 Gamlitz
Telefon 0 34 54/62 63, Fax DW 6
www.riegelnegg.at
Geöffnet: Montag bis Samstag 13.30–18 Uhr

Winzer. Otto und Theresia Riegelnegg

Als der Riegelnegg Otto bei Weinfans außerhalb der Steiermark noch nicht so bekannt war, hat mir Karl Rennhofer, der „Gallbrunner"-Wirt von Waisenegg bei Birkfeld (im Joglland), einen Muskateller und einen Sauvignon blanc von diesem Weingut am Sernauberg zum Kosten gegeben. „Der Mann hat mit diesen Weinen enorme Zukunft", meinte damals der Karl und heute kann ich ihm Recht geben. Der Otto Riegelnegg ist ein Meister seines Faches und seine Weine sind viel zu schnell ausverkauft. Otto und Theresia Riegelnegg leben in einem wunder-

schönen Hof aus dem Jahre 1808, besitzen einen tollen, uralten Weinkeller, der diesen aromatischen, strukturierten und erfolgreichen Weinen als Ort der Reifung gerecht wird.

Weingut und Buschenschank Peter Skoff

Kranachberg 50, 8462 Gamlitz
Telefon 0 34 54/6104, Fax DW 4, www.weingutskoff.at
Buschenschank geöffnet: Donnerstag, Freitag, Samstag und Montag 14–22 Uhr
Sonntag 14–18 Uhr, Dienstag, Mittwoch geschlossen

Winzer: Peter und Anna Skoff

Skoff – schon wieder so ein Name, der mit Weinqualität höchsten Ranges in Berührung steht. Hier handelt es sich um die Familie Peter Skoff vom Kranachberg. Ein Platzerl beim lieben Gott. Denn die Riede Kranachberg gehört von der Lage, dem Mikroklima und der Bodenbeschaffenheit zu den besten Lagen der Südsteiermark. Dementsprechend auch die Weine der Familie Skoff. Natürlich sind auch jene Weine der Riede „Rotriegl" ebenfalls von extremer Schönheit gezeichnet. Dem Winzer stehen drei Söhne wie Felsen in der Brandung als Hilfe zur Verfügung. Mit so einer Familie lässt sich was machen. Was die Weine zeigen, was sich in der Qualität der Buschenschank abspielt und was sich bei den Gästezimmern beweist. Alles top, alles qualitätsvoll, alles sehr liebevoll gemacht. Das Weingut liegt direkt am Rad- und Wanderweg.

Weingut Lackner-Tinnacher

Steinbach 12, 8462 Gamlitz
Telefon 0 34 53/21 42, Fax 48 41, www.tinnacher.at
Geöffnet: Montag bis Samstag 10–12, 14–18 Uhr

Winzer: Familie Tinnacher
Mitglied der Steirischen Terroir- und Klassik-Weingüter

In meinem Heimatort Villach gab es einmal eine südsteirische Weinstube. Da spielte es sich ab: große Begegnungen zwischen Menschen, interessante Weine aus der Steiermark, Empfänge, gesellschaftliches Leben. Die Besitzer hießen Lackner und mir haben sie erzählt, dass sie vom Weingut Lackner-Tinnacher in der Südsteiermark abstammen. Leider hat dieses Wirtshaus – eine Art Heuriger – es nicht bis in unsere Zeit geschafft. Der Name Lackner-Tinnacher war mir also bereits aus den frühen 70er Jahren gut bekannt, die Weine auch. Dieses Gut im Naturpark Südsteirisches Weinland war schon sehr früh für Qualitätsweine über die Grenzen der Steiermark hinaus bekannt. Der große Sprung in die wichtigsten Weinläden Österreichs gelang der Familie in den 80er Jahren. Dass das Anwesen seit dem Jahre 1770 besteht, möchte ich hier besonders betonen. Tradition hat hier wirklich Bedeutung. Heute führt Fritz Tinnacher mit Gattin Wilma und Tochter Katharina das Weingut mit 21 Hektar Weingärten in den Lagen Steinbach, Eckberg und Flamberg. Dazu zählen weiters einige Hektar Obstgärten. Aus dem Obst werden Edelbrände produziert. Das Recht dazu stammt noch von Kaiserin Maria Theresia.

Dass die Weine zu den besten der Steiermark zählen, wird jeder halbwegs gebildete Weinkenner wissen.

Weingut und Buschenschank Walter Skoff

Eckberg 16, 8462 Gamlitz
Telefon 0 34 53/42 43, Fax DW 17
www.weingut-skoff.com
Geöffnet: Donnerstag bis Montag 11–23 Uhr
Dienstag, Mittwoch geschlossen

Winzer: Familie Skoff

Walter Skoff zählt ebenfalls zu den großen Winzerpersönlichkeiten des Landes. Walter übernahm in der vierten Generation – das war 1984 – das Weingut mit Weingärten in der Größenordnung von 1,7 Hektar. Heute besitzt die Familie Skoff ein Vielfaches davon und kauft zudem aus ausgesuchten Lagen von kleinen Weinbauern sorgfältig ausgewählte Trauben dazu. Aus dem kleinen Betrieb entstand mit viel Enthusiasmus, ständiger Lernbereitschaft und Mut zum Besonderen ein moderner Weinkeller, ein Musterbetrieb an Vinifizierung – da hat Sohn Joachim mit seinen Auslandseinsätzen in der „Neuen Welt" Innovationen eingebracht – ein gastliches Haus mit schönen Zimmern, einer gemütlichen Schänke, in der steirische Schmankerln aufgetischt werden. Die Weingärten von Familie Skoff befinden sich im Umkreis von 20 Kilometern rund um das Haus. Darunter viele kleine Weingärten. Das bringt arbeitsmäßig Nachteile und Schwierigkeiten, für die Weine bedeutet das aber eine Vielschichtigkeit, wie kaum in einem anderen Betrieb.

Weinmanufaktur Schilhan

Kranach 8, 8462 Gamlitz
Telefon 0 34 53/6094, Fax DW 9
www.weingut-schilhan.at
Geöffnet: Montag bis Freitag 10–18 Uhr, Samstag bis Sonntag 11–18 Uhr

Winzer: Wilfried Schilhan

Schilhan ist Winzer und Musik-Enthusiast. Vor allem wenn es um Elvis Presley geht. Wilfried ist ein glühender Verehrer des King und erhielt in seiner Region den Beinamen „Elvis vom Kranachberg". Schilhan ist ein Mensch mit Visionen. Nach der Matura an der Weinbauschule in Klosterneuburg hat er sich am Jägerberg bei Gamlitz ein kleines Weingut gekauft. Heute ist daraus ein Haus namens „Crocodil Rock" geworden. Zwei Jahre wurde nach Plänen mutiger und vor allem junger Architekten gebaut, 2008 wurde eröffnet und Schilhan lobt nicht nur die „Luftigkeit" des Gebäudes, sondern auch die Möglichkeit, von überall aus dem Haus die Landschaft einsehen zu können. Vielleicht bringt ihn das dazu, Weine zu keltern, die wie Musik klingen. Jedes Jahr widmet er einen Wein namens „Aaron" seinem Idol Elvis. Aaron war bekanntlich der zweite Vorname des King of Rock. Die Weine sind top, das beweisen zahlreiche Awards. Und dass Schilhans Weine bis Graceland bekannt sind, ergibt sich aus dem Leben des „Elvis vom Jagerberg" oder auch „Elvis vom Kranachberg".

Weingut Buschenschank Tinnauer

Labitschberg 42, 8462 Gamlitz
Telefon 0 34 53/23 91, Fax DW 23, www.tinnauer.com
Geöffnet: 10–21 Uhr
Montag Ruhetag

Wirte: Familie Tinnauer

Diese Buschenschänke gehört zu den besten, die die Steiermark zu bieten hat. Einmal wegen der schönen Lage und des gemütlichen Ambientes, dann wegen der Freundlichkeit und Gastlichkeit der Wirtsleute und natürlich wegen des guten Essens. Wobei hier leichte Vegetarier ebenso befriedigt nach Hause gehen wie die Bratlfett-Spezialisten. Dass die Familie Tinnauer auch schöne Zimmer anbietet, komplettiert das Angebot zur Superleistung. Hans, Gattin Rosi und Sohn Martin sind die Wegbereiter dieser Gastlichkeit. Das beginnt beim hauseigenen Wein – alles klassische südsteirische Sorten –, führt weiter zu den Edelbränden bis hin zum selbstgebackenen Brot. Von April bis November wird ein Gratis-Taxi angeboten. Damit nichts Schlimmes am Wege nach Hause oder ins Gamlitzer Hotel passiert.

Krautstrudel

Teig: 250 g glattes Mehl, 60 g Butter, 1 Ei, 1/8 l Milch, Salz; 1 Ei zum Bestreichen
Fülle: 1 Kopf Weißkraut, Salz, Pfeffer, Kümmel, Grammeln und Fett

Die Butter erwärmen und mit warmer Milch mischen. Ei in das Mehl rühren und mit dem Buttergemisch zu einem geschmeidigen Teig verarbeiten. Daraus einen Laib formen, mit Öl bestreichen und eine Stunde rasten lassen.

Das Kraut fein schneiden, salzen und ziehen lassen. Dann ausdrücken und in heißem Fett mit den Grammeln anschwitzen.

Teig erst auswalken und dann ausziehen. Die abgekühlte Fülle auf den Strudelteig streuen, salzen, pfeffern und mit Kümmel würzen. Einrollen und auf ein Backblech legen (entweder gut eingeölt oder auf ein Backpapier). Mit versprudeltem Ei bestreichen und im Rohr bei 180 Grad rund 30 Minuten backen.

Weingut und Landgasthof Wratschko

Marktplatz 9, 8462 Gamlitz
Telefon 0 34 53/26 47, Fax DW 4, www.wratschko.at
Geöffnet: Juli bis November 10–22 Uhr
Ruhetag: Mittwoch (Dezember bis Juni)

Wirte: Karl und Gertrude Wratschko

Der „Wratschko" ist das erste Haus am Platz, wie man so schön sagt. Ist es auch und man isst dort auch gut. So ist das. Der „Wratschko", das sind drei Betriebe: das Viersterne Hotel am Marktplatz, der Landgasthof und das Weingut Wratschko-Merdonik. Viel Arbeit für eine Familie, doch es sind alles tüchtige Leute, die die Hemdsärmel aufkrempeln können, und da bleibt für den Hausherrn sogar noch Zeit, politische Funktionen auszufüllen. Alle Betriebe sind außerordentlich schön, gemütlich und bürgerlich. Der Landgasthof bietet genügend Platz, um Gruppen zu beherbergen oder Familienfeste abzuhalten.

Der „Wratschko" bietet ebenfalls Gratis-Taxi an. Das ist in Gamlitz und Umgebung ein einmaliger Service. Rund 100 Betriebe bieten ihren Gästen das Gratis-Taxi an. Gültig nur mit einer Gast-Card, die der Betrieb ausstellt. Die Fahrt zwischen den Betrieben ist gratis, das heißt sie wird vom Konsumationsbetrieb bezahlt.

Das Weingut Wratschko-Merdonik befindet sich in Eckberg und bietet neben den klassischen Weinsorten der Region „Urlaub am Bauernhof" an.

Gebackene Holunderblüten

Pro Person vier Holunderblüten mit dem Stielansatz,
250 g glattes Mehl, 2–3 Eier,
Weißburgunder oder Sauvignon blanc,
Salz, Zitronenschale, Öl und Staubzucker

Eidotter und Eiklar extra aufschlagen. Dotter mit Mehl, einer Prise Salz und dem Wein (Menge nach Bedarf rund 1/4 Liter) zu einem festen Teig rühren. Das steifgeschlagene Eiklar unterheben. Die gewaschenen Hollerblüten durch den Teig ziehen und in heißem Öl backen.

Weingut Gross

8461 Ratsch an der Weinstraße 26
Telefon 0 34 53/25 27, Fax 25 28, www.gross.at
Geöffnet: Montag bis Samstag 10–19 Uhr
Im November 10–16 Uhr, im Dezember nur auf Anfrage

Winzer: Alois Gross
Mitglied der Steirischen Terroir- und Klassik-Winzer

Der Ratscher Nussberg ist die Heimat der Winzerfamilie Gross. Dieser Name muss in einem Atemzug mit den anderen Größen der Südsteiermark wie Polz, Tement, Sattler oder Lackner-Tinnacher – um nur einige anzuführen – genannt werden. In der Steiermark spricht man vom Weinwunder, dass Ende der 80er Jahre (in Ansätzen schon früher) begann und zu dieser gewaltigen Größe geführt hat. Alois Gross hat Anteil an diesem Weinwunder. Auch er hat klein begonnen und Schritt für Schritt den Betrieb zur stattlichen Größe gebracht. Der Ratscher Nussberg zählt zu den besten Lagen der Südsteiermark. Gross kann es sich angesichts der Top-Lagen leisten, von „Großen STK-Lagen“ (Ratscher Nussberg) und „Ersten STK-Lagen“ (Kittenberg, Perz und Sulz) zu sprechen. Dann folgt als zweite Linie die normale „Steirische Klassik“ und schließlich die Linie „Privat“. Letzte Linie ist eine sehr seltene Auswahl an Sauvignon blanc-Trauben. Sie sind überreif und bortrytisfrei. Höchste Qualität, was sich sogar in 97 (von 100) Punkten im renommierten Falstaff-Führer ausgewirkt hat. Die Trauben kommen von Reben in den Lagen Sulz und Nussberg. Alois Gross stehen mit Johannes und Michael zwei tüchtige Söhne zur Seite, Tochter Veronika und Gattin Ulrike haben im Ablauf des wirtschaftlichen Geschehens ebenso ihre Verantwortung inne.

Wer Gross besucht, darf sich nicht nur über die ausgezeichneten Weine und die schöne Umgebung, sondern auch auf die gute Jause freuen.

Schloss Gamlitz, Weingut Melcher

Eckberger Weinstraße 32, 8462 Gamlitz
Telefon 0 34 53/23 63, Fax 45 50, www.melcher.at

Winzer und Schlossherren: Familie Melcher

Das Schloss Gamlitz ist mehr als 100 Jahre im Besitz der Familie Melcher. Das zwischen 1111 und 1131 erbaute Schloss kam durch eine Schenkung des Grafen von Sponheim in den Besitz des Stiftes St. Paul im Lavanttal. Da damals der Weinbau hier schon eine Bedeutung hatte, kam der Messwein für das Stift selbstverständlich aus Gamlitz. Und dass Äbte von St. Paul das „Schloss zu Gamlitz" als Sommerresidenz benützten, spricht für die Bedeutung dieser Gegend. Heute noch ist das Haus ein sehr gastliches. Stilvolle Zimmer zu erstaunlich günstigen Preisen laden zum Verbleib ein. Dass dieses Schloss eine märchenhafte Kulisse für Hochzeiten darstellt, ist bei heiratswilligen Pärchen bekannt. Ambiente, Tischkultur und Speisen gestalten jegliches Fest zu einem unvergesslichen Ereignis.

1990 fand im Schloss Gamlitz die steirische Landesausstellung „Weinkultur" statt. Zahlreiche Exponate davon sind heute noch im Weinmuseum des Schlosses zu besichtigen. Ein Schwerpunktthema des Museums ist „Erzherzog Johann und der steirische Weinbau".

Siegfried Melcher ist der Senior der Familie, den Betrieb führt bereits Sohn Arnold und der Schlosshund Alf hat da immer wieder ein gewichtiges „Wuff" mitzureden. Jolanda Melcher ist Galeristin und dafür verantwortlich, dass Schloss Gamlitz eine kulturelle Drehscheibe des Naturparks Südsteiermark wurde. Konzerte, Lesungen, Ausstellungen und das in jeglicher Stilrichtung. Eine Musterfamilie an Kreativität, Fröhlichkeit, Arbeitseifer und Zusammenhalt – das sind die Melchers.

Weinverkosten im historischen Weinkeller machen Spaß, vor allem weil die Melcher-Weine genussvoll sind. Kommentierte Weinverkostungen sind bei Voranmeldung jederzeit möglich.

Seminargasthof und Weingut Ferlinz

Eckberger Hof, Eckberg, 8462 Gamlitz
Telefon 0 34 53/23 92, Fax DW 9, www.ferlinz.at
Ganzjährig geöffnet

Winzer und Wirt: Familie Ferlinz

Dieses Seminar- und Urlaubshotel in den Weinbergen bei Gamlitz fügt sich baulich sehr harmonisch in die Landschaft des Naturparks Südsteiermark ein. Regionale, bodenständige Küche, hauseigene Weine und Edelbrände, dazu die wunderbare Aussicht vom Restaurant oder von der Terrasse aus. Ein wirklich schönes Platzerl in einem sehr familiär geführten Wohlfühl- und Wellness-Hotel. Von Gamlitz in die Südsteirische Weinstraße einbiegen und nach wenigen Kilometern ist der Eckberger Hof erreicht.

Käferbohnen mit Speck

250 g Bauchspeck gut geräuchert,
Schmalz oder Butterschmalz, 1 Zwiebel,
500 g gekochte Käferbohnen;
Salz, Pfeffer, Gartenkräuter

Den würfelig geschnittenen Speck in Schmalz anrösten, eine fein geschnittene Zwiebel dazugeben und dann die Bohnen einrühren. Würzen mit Salz, Pfeffer und frischen Kräutern.

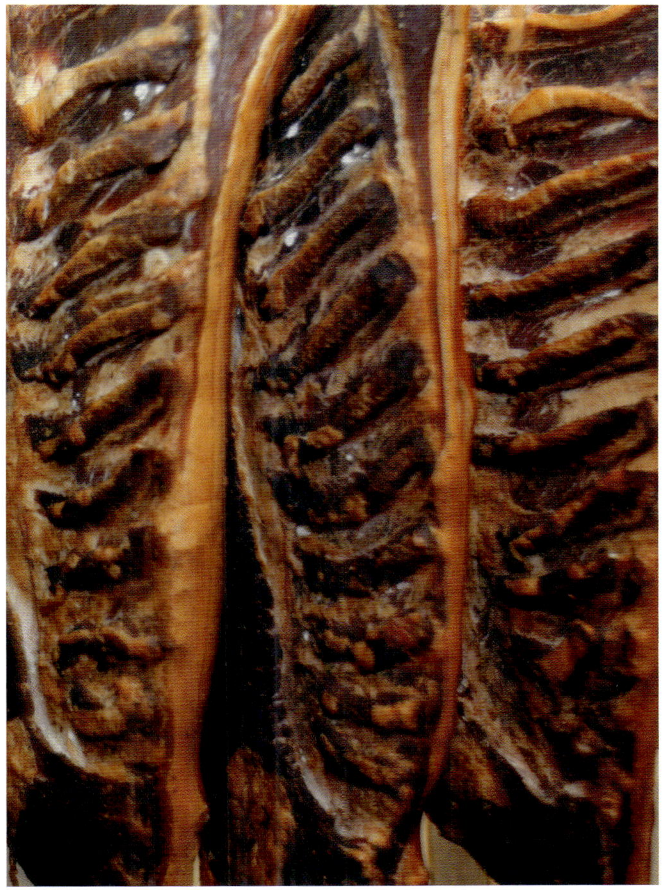

Hotel Restaurant Weinlandhof

Untere Hauptstraße 15, 8462 Gamlitz
Telefon 0 34 53/25 84, Fax 271 510
www.weinlandhof.at
Ganzjährig geöffnet

Wirte: Familien Pichler-Wratschko

Von Ehrenhausen kommend ist der „Weinlandhof" sozusagen das Tor zu Gamlitz. Ein Vier-Sterne-Haus mit Tradition, Komfort und Gastlichkeit. Ob für Seminargruppen, Reisegesellschaften, Individualgäste. Der Weinlandhof wird jeden Besucher überzeugen. Ich habe mit Gastronomen einmal einige Tage dort verbracht und freute mich über die positiven Reaktionen der Gastwirte. Die Küche des Hauses ist bodenständig, mit den besten regionalen Produkten, die die Steiermark zu bieten hat: vom Styria Beef über das Sulmtaler Hendl bis zum Weizer Berglamm. Drei Generationen – von Wratschko bis Pichler – haben das Haus zu einer der führenden Adressen in der Südsteiermark gemacht. Das Restaurant ist gut ausgestattet, um auch Familienfeste abhalten zu können. Die Weinauswahl ist enorm und zeigt einen Querschnitt der wichtigsten Tröpferln aus der Region.

Lammkotelett in Kürbispanade

Lammkoteletts (pro Person 2–3 Stück) vom Weizer Berglamm, Salz, Pfeffer, Thymian, Rosmarin
Panade: 2 Eier, Kürbiskerne geschrotet, geriebener Bergkäse, Mehl

Die Lammkoteletts salzen, pfeffern und mit Thymian sowie Rosmarin würzen. In Mehl wenden, in eine Mischung aus aufgeschlagenen Eiern, den geriebenen Kürbiskernen und etwas geriebenem Bergkäse tauchen und in heißem Öl herausbacken. Dazu frische Blattsalate mit Erdäpfeln servieren.

Gasthof-Café Gamlitzer Hof

Marktplatz 40, 8462 Gamlitz
Telefon 0 34 53/26 77, Fax DW 4, www.gamlitzerhof.at
Geöffnet: 8–24 Uhr
Ruhetage: Donnerstag (April bis Oktober)
Donnerstag und Freitag (November bis März)

Wirte: Familie Nigg

Mitten im Ort, eine bessere Lage ist nicht möglich. So kurz könnte man die Situation des Gamlitzer Hofes beschreiben.

Andreas Nigg als Küchenchef mit Lebensgefährtin Margit und seine Mutter Hannelore führen diesen Betrieb, der in den letzten Jahren modernisiert und ausgebaut wurde. Im Café werden hausgemachte Mehlspeisen geboten, im Restaurant eine bodenständige, kreative Küche, die gerne einmal „Ausflüge" in mediterrane Gefilde unternimmt. Die Weine stammen von renommierten Weingütern der Steiermark. Die Zimmer sind modern und gut ausgestattet. Ein Haus, das sich für Familien- oder Betriebsfeiern bestens eignet.

Weingut Repolusk

8463 Glanz an der Weinstraße 41
Telefon 0 34 54/313, Fax DW 4, www.repolusk.at
Geöffnet: täglich ab 12 Uhr
Ruhetage Dienstag und Mittwoch

Winzer: Roland und Barbara Repolusk

Auch so eine Herzeigefamilie im Naturpark Südsteiermark: Wenn alle gut zusammenhalten, dann kann Großes entstehen. Bei der Familie Repolusk ist das so. Und weil es in der Familie klappt, klappt es auch bei der Arbeit. Im Weingarten und Weinkeller sowie in der Buschenschank. Von Oma Amalie den gefüllten Guglhupf verkosten – welch eine Wonne für den Gaumen. In der Buschenschank wird nicht nur Jause, sondern ebenfalls Frisches aus dem Garten aufgetischt. Dazu die Weine aus dem Hause Repolusk, die schon zahlreiche Preise bei Weinprämierungen erringen konnten.

Weingut Erwin Tschermonegg

8463 Glanz an der Weinstraße 50
Telefon 034 54/326, Fax DW 50, www.tschermonegg.at
Geöffnet: 12–22 Uhr
Juli und August 17–22 Uhr
Mittwoch Ruhetag

Weinbauer: Erwin Tschermonegg

Alles perfekt, hoch oben in Glanz an der Weinstraße. Ein Musterweingut mit großartigen Tröpferln, eine Musterbuschenschank, ein Mustergästehaus mit großem Wohlfühleffekt. Das ist in einem Satz ausgedrückt der Betrieb Tschermonegg. Wobei hier erwähnt werden soll, dass Kinder besonders willkommen sind und sich hier spielend wie daheim fühlen können. Da ein Teil der Weingärten über 500 Meter hoch liegt und damit außerhalb der Nebelzone ist, ist das Traubenmaterial besonders gesund, was sich in den hervorragenden Weinen wie beispielsweise dem Sauvignon blanc vom Oberglanzberg widerspiegelt.

Weingut Erich und Walter Polz

Grassnitzberg 54a, 8471 Spielfeld
Telefon 0 34 53/2301, Fax DW 6, www.polz.co.at
Geöffnet: Montag bis Samstag 10–17 Uhr
Sonntag: 10–12 Uhr

Winzer: Erich und Walter Polz
Mitgliedsbetrieb der Steirischen Traditions- und Klassikwinzer

Eine Großmacht in Österreich, das sind die Familien von Erich und Walter Polz. Hinaufgearbeitet bis in die höchste Winzerspitze dieses Landes. Fleiß, Ehrgeiz und Qualitätsdenken standen immer im Vordergrund. Urgroßvater Johann Polz hatte den Grundstein gelegt und wenn das Polz-Imperium bereits größer als 70 Hektar Weinland ist, dann hat das die eben genannten Gründe. 1980 haben die Brüder Walter und Erich das Weingut der Eltern übernommen und ausgebaut. Mit Weingärten in den Lagen Grassnitzberg, Hochgrassnitzberg, Obegg und Theresienhöhe besitzt die Familie Polz sozusagen Anteile an den „Filetstücken" der Steiermark. Hier gedeihen die Leitsorten wie Morillon, Sauvignon blanc, Gelber Muskateller und Welschriesling, aber auch Traminer, Pinot Noir und Zweigelt. Jahr für Jahr versuchen die Winzer die Qualitäten zu halten und zu steigern. Das geht nur mit Arbeit und Visionen. Kommentierte Weinverkostungen und Führungen sind möglich. Im Kellerstöckl gibt es wunderschöne Übernachtungsmöglichkeiten.

Die Polz Buschenschank

Grassnitzberg 54, 8471 Spielfeld
Telefon 0 34 53/27 30, Fax DW 9
www.polz-buschenschank.at
Geöffnet: Montag bis Samstag 11–21 Uhr
Sonntag Ruhetag

Wirte: Johanna und Wolfgang Kohlenberger

Idyllisch sind beinahe alle Buschenschänken in der Südsteiermark gelegen. Diese jedoch, geführt von Johanna und Wolfgang Kohlenberger, ist eine Besonderheit: von der Lage, der Architektur – modern und traditionell – und vom Angebot. Es ist alles ein wenig anders als anderswo. Eben die Linie Polz, in die sich das Ehepaar Kohlenberger mit viel Liebe und Verständnis für die Bedürfnisse des Gastes einbringt. Steirische Schmankerln, heimatliche Jause, regionale Produkte – all das gepaart mit der Kreativität von Johanna Kohlenberger – ergibt noch mehr Lust auf Genuss.

Beim Haus befindet sich eine Kräuterschauinsel, die das eigene Wissen (oder Unwissen) verbessern kann.

Weingut und Buschenschank Maitz

Rebenburg, Ratsch an der Weinstraße 45
8461 Ehrenhausen
Telefon 0 34 53/21 53, Fax DW 7, www.maitz.co.at
Geöffnet: März bis November ab 14–23 Uhr
Ruhetage: Donnerstag und Sonntag (Feiertage geöffnet)

Winzer: Wolfgang und Maria Maitz

Prachtvoll, was hier auf der „Rebenburg" geboten wird: Wein, Speisen und herrliche Gästezimmer. Drei Generationen werken mit Freude und Begeisterung auf ihrem Hof. Die Kinder von Wolfgang und Maria sind mit dabei: Wolfgang jun. als Kellermeister.

Die Buschenschank ist hier das „Weinlokal" und man merkt im ganzen Haus die kreative Handschrift von Tochter Magdalena, die als Grafikerin erfolgreich ist. Tochter Stephanie leitet das Weinlokal und hier gibt es von Mama Maria selbstgemachte Genuss-Mittel zu kaufen wie Marmeladen, Gelees, schwarze Nüsse und einiges mehr. Berühmt sind die Nuss-Schnecken von Maria.

Nuss-Schnecken

Germteig: 1 kg Mehl glatt, 60 g Germ, Prise Salz, 150 g Kristallzucker, 1/4 l Milch, 100 g Butter, etwas Schweineschmalz, 1/4 l Milch, Rum
Fülle: 500 g Butter, 250 g Zucker, Zimt, geriebene Walnüsse

Für den Germteig: Das Mehl in eine große Schüssel geben und am Rand eine Prise Salz einrieseln lassen. In der Mitte eine Mulde machen. Hier wird das „Dampfl" angesetzt: 60 g Germ hineingeben, mit rund 150 g Zucker und lauwarmer Milch verrühren. Das Dampfl zugedeckt an einem warmen Platz 30 Minuten gehen lassen.

100 g Butter mit etwas Schweineschmalz erwärmen und mit lauwarmer Milch und Rum verrühren. Mit dem Dampfl und dem Mehl mischen und gut abschlagen (mit einem Kochlöffel oder mit einem Rührwerk), bis sich der Teig vom Schüsselrand löst. Mit einem Tuch zudecken und aufgehen lassen.

Noch einmal durchkneten und ein zweites Mal gehen lassen.

Dann wird der Teig auf einem bemehlten Nudelbrett ausgewalkt und mit der Fülle bestrichen (lauwarme Butter, Zucker und Zimt), dann die geriebenen Walnüsse aufstreuen, den Teig einrollen.

Jetzt Stücke abschneiden. Jeweils in der Länge von sieben Zentimetern.

In Schneckenform auf ein befettetes Backblech legen. Noch einmal gehen lassen und dann im Rohr bei 180 Grad etwa 45 Minuten backen.

Felix Weinstock

Zieregg 2, 8461 Berghausen
Telefon 0 34 53/40 09, www.felix.weinstock.at
Geöffnet: 8–18 Uhr

Jedes Mal, wenn ich Felix besuche und bei ihm auf der schmalen Terrasse seiner Genusswerkstatt sitze und hinunter in die berühmte Ried Zieregg blicke, möchte ich, dass dieser Augenblick nie endet. So schön ist es hier, so gut schmecken die Edelbrände, so toll sind die Gespräche, die mit Felix gemacht werden können. Leider sind diese Augenblicke sehr selten. Felix Weinstock ist einer der liebenswertesten Genuss-Produzenten, die ich überhaupt in meinem Leben kennen lernen durfte. Er hockt mit seinem „Genuss-Labor" wie ein Adler in seinem extrem gelegenen Nest. Die Ried Zieregg ist steil und ganz oben der Felix mit seinen Chutneys, Senfen, mit herrlichen Essigen, mit den Edelbränden. Felix ist ein Aussteiger. Er war ein Top-Manager in Deutschland, ehe es ihn in die Südsteiermark „verschlug". Für seine Produkte erhielt er den begehrten Titel „echt steirisch-Botschafter". Bravo Felix, du Glücklicher auf Zieregg.

Manfred Tement

Zieregg 13, 8461 Berghausen
Telefon 0 34 53/41 01, Fax DW 30, www.tement.at
Geöffnet: Montag bis Samstag 10–12, 14–18 Uhr

Winzer: Manfred Tement
Mitgliedsbetrieb der Steirischen Traditions- und Klassik-Weingüter

Er ist kein Polterer und drängt sich nicht in die Seitenblicke-Gesellschaft: Dabei ist Manfred Tement international von Bedeutung. Zählt er doch zu den Top-Winzern Mitteleuropas. Kein Weinfreund, der das goldene „T" auf Etiketten nicht sofort als „Tement" identifiziert. Sein wunderschönes und teilweise mit modernster Architektur errichtetes Gebäude thront auf der Ried Zieregg, der bekanntesten Riede der Südsteiermark, die teilweise bereits nach Slowenien reicht.

Die Weine dieser Riede sind das Beispiel für höchste steirische Qualität. Die Familie Tement ist gewachsen: Neben den Eltern Heidi und Manfred arbeiten bereits die Söhne Stefan und Armin im Betrieb.

Die Liste der Ehrungen, Auszeichnungen und Preise, die die Tement-Weine im Laufe der Jahre errungen haben, würde Seiten dieses Buches füllen. Weinfans wissen das und sie lesen ja die einschlägigen Fachzeitschriften. Daher ist es müßig, hier groß von den Weinen zu berichten, außer dass ich selbst jeden Lagenwein von Zieregg mit Ehrfurcht und Demut vor dem Produkt trinke.

Weingut Bullmann

8461 Ratsch an der Weinstraße 79
Telefon 0 34 53/25 35, www.bullmann.at
Geöffnet: Montag bis Freitag 14–18 Uhr

Winzer: Prof. Dr. Gerald Brandstätter

Dieses Weingut ist außergewöhnlich nicht nur wegen der Weine, sondern wegen der Lage: Die Grundstücksgrenze verläuft rund 600 Meter als Grenze zu Slowenien. Emma Bullmann, die 1933 das Weingut führte, hatte sich um den Bau der südsteirischen Grenzstraße verdient gemacht. Der derzeitige Besitzer ist Internist, leidenschaftlicher Weinmacher und Emma Bullmann war seine Tante. Als Kellermeister arbeitet Sebastian Lerchl für den Weinbaubetrieb. Ausgebaut werden alle typischen südsteirischen Weine. Die Qualitäten sind hoch, das Preis-Leistungs-Verhältnis sehr gut.

Erzherzog Johann Weine

Hauptstraße 34, 8461 Ehrenhausen
Telefon 0 34 53/24 23, Fax DW 6, www.erzherzog.com
Vinothek geöffnet: Montag bis Freitag 8–17 Uhr
Samstag 11–18 Uhr, Sonntag 11–15 Uhr

Winzer: Rund 200 steirische Weinbauern

Den Erzherzog Johann Sekt, den ich persönlich für einen der besten Perlweine Österreichs halte, habe ich einmal mit dem Nektar von Weingarten-Pfirsichen der oststeirischen Fruchtsafterzeuger Kaufmann gemischt und siehe da, es entstand ein „Bellini". Ich nannte ihn „steirischer Bellini", was natürlich nur im privaten Kreise erlaubt war, da ja der aus Venedig stammende Bellini eine geschützte Marke ist. Aber dieses Getränk schmeckte allen, denen ich es servierte, wunderbar.

Die Weinbauern der Erzeugergemeinschaft „Erzherzog Johann Weine" haben eine lange Tradition. Ihr Ursprung war 1916. Damals hatte eine Gruppe kleiner Weinbauern vom Schloss Ehrenhausen den Weinkeller erworben, um dort gemeinsam Weine zu keltern. Durch die günstige Lage an der Eisenbahnlinie Wien-Triest ergab sich für die Weinbauern eine gute Transportmöglichkeit. Sie verkauften und verlieferten kleine Holzfässer – sogenannte „Halbe" – an Wirte in Graz und Wien. Das Unternehmen hat sich im Lauf der Jahrzehnte nicht nur gehalten, sondern vergrößert und in jüngster Zeit stark technisch modernisiert. Heute gehören der Erzeugergemeinschaft rund 200 Weinbauern an. Im herrlichen, historischen Ambiente des Schlosses Ehrenhausen wird die breite Palette der steirischen Weine gekeltert. Seit dem Umbau 2005 stehen dem Kellermeister die besten Technologien zur Verfügung. Für die hohe Qualität der Trauben sind die kleinen Weinbauern selbst verantwortlich.

Weingut und Buschenschank Neubauer

8471 Spielfeld 51
Telefon und Fax 0 34 53/26 51, www.neubauer-weine.at
Geöffnet: Donnerstag bis Samstag ab 14 Uhr,
Sonntag ab 15 Uhr

Winzer: Familie Neubauer

Wie man will: Diese Buschenschänke liegt am Beginn oder Ende der südsteirischen Weinstraße. Sie wäre ein köstlicher Beginn und ist ein großartiges Ende der Reise. Vom Hause der Familie Neubauer kann der Gast die guten Weine und die herrlichen Schmankerln genießen. Dazu der Panoramablick in das Land. Auf den Rieden Spielfeld und Grassnitzberg gedeihen die Trauben vom Welschriesling bis zum Muskateller. Zahlreiche Prämierungen haben die Weine der Neubauers bereits errungen. In der Buschenschank wird groß aufgetragen: vom Bauernbrot bis zum hausgemachten Schinken, einem Käferbohnensalat der Extraklasse und, und, und ...

Weingut Georgiberg

8461 Berghausen 54
Telefon 0 34 53/20 24 312, Fax 43 43
www.georgiberg.com
Geöffnet: Montag bis Freitag 10–18 Uhr

Winzer: Nora und Christian Trierenberg

Zwei Teiche im Tal bewirken für die Ried Wielitsch ein besonderes Mikroklima. Das nützen die Trierenbergs – Nora ist eine Silberberg-Absolventin – aus, um besondere Weine zu produzieren.

Einst hieß das Gut „Georgi Schlössl“, wurde aber 2008 auf Georgiberg umgetauft. Viel wurde auch in die Kellertechnik investiert.

Die Besonderheit für die Südsteiermark: Ein hoher Anteil an Rotweinen wird hier gekeltert. Großartige Rotweine übrigens: Zweigelt, Pinot Noir, Cabernet Sauvignon und Cabernet franc. Untypisch für die Südsteiermark.

Vinofaktur

An der Mur 13, 8461 Ehrenhausen-Vogau
Telefon 0 34 53/40 67 7, Fax DW 4, www.vinofaktur.at
Geöffnet: täglich 9–18 Uhr, Sonn- und Feiertag ab 11 Uhr

Die Vinofaktur ist mehr als eine Vinothek: Sie ist der Genussladen der Steiermark. Von der Autobahnabfahrt Vogau sind es lediglich wenige Kilometer, ehe das große, nicht zu übersehende Gebäude erreicht wird. Hier bieten die wichtigsten Winzer ihre Weine an, hier können Marmeladen, Chutneys, Kernöle, Essige, Edelbrände, Schokoladen usw. gekauft werden. So schmeckt die Südsteiermark, lautet das Motto. Weine kommen aus ganz Österreich, Slowenien und Ungarn. Essige von Gölles und Weinstock, Süßes von Imkern bis zu Zotter-Schokoladen. Alles was unter den Genuss-Produzenten Rang und Namen hat, ist hier mit Produkten zu finden. Einkehren, staunen, zurechtfinden und kaufen. Das ist Pflicht.

Weinbau Buschenschank Grabin

Labuttendorf 26, 8423 St. Veit am Vogau
Telefon 0 31 84/23 24, Fax 30 827
www.grabin.at
Geöffnet: Dienstag bis Sonntag 14–22 Uhr

Winzer: Annemarie und Gottfried Grabin

Am Stermitzberg bei Ratsch liegen die 7,5 Hektar großen Weingärten der Familie Grabin, die von Vater Gottfried und seinem Sohn Gottfried jun. bearbeitet werden. Der Betrieb selbst liegt in Labuttendorf. Gekeltert werden die klassischen Weißweine sowie bei den Rotweinen ein Zweigelt.

Für die hohen Qualitäten gab es bereits Auszeichnungen. Buschenschank und Weinstüberl bieten rund 150 Gästen Platz. Alle Fleischprodukte kommen aus dem eigenen Betrieb und entsprechen der Güte der Weine.

Weinbau Scheucher

Otterweg 3, 8423 Labuttendorf
Telefon 0 31 84/40 80, Fax DW 12
www.weingut-scheucher.at
Geöffnet: Montag bis Samstag bis 19 Uhr

Winzer: Johanna, Gottfried, Paul Scheucher

Von mir erhält das Weingut Scheucher das Qualitätssiegel „echt steirisch" – es ist ihnen ja von offizieller Seite schon einmal verliehen worden, nur leider wurde diese Marke seitens der Landwirtschaftskammer in die Versenkung entsendet. Bei der Familie Scheucher ist jeder Weinfreund gut aufgehoben: erstklassige Weine (rasch ausverkauft, daher schnell sein), eine erstklassige Jause (nur gegen Vorbestellung) und ein kleiner Hofladen, der auch andere Genüsse der Steiermark beinhaltet. Johanna ist eine liebenswerte Gastgeberin, Gottfried und Paul zwei qualitätsbewusste Winzer. Sie sind allesamt bescheiden, obschon sie bei der Qualität der Weine recht kräftig auf die Pauke schlagen könnten.

Weingut und Weingartenhotel Harkamp

Flamberg 46, 8505 St. Nikolai im Sausal
Telefon 0 31 85/30 630, Fax DW 4, www.harkamp.at
Geöffnet: Donnerstag bis Sonntag und Feiertag 10–17 Uhr

Winzer: Petra und Hannes Harkamp
Wirt: Heinz Harkamp

Der Flamberg ist ein eigenes Himmelreich, sagen die Menschen in dieser Gegend.

Am Ende dieser Weinreise kehre ich noch einmal zurück, in Richtung Stainz. Nicht weit, ich bleibe in der Südsteiermark, besuche aber den Flamberg und fordere meine Leserschaft ausdrücklich auf: Fahren Sie dorthin und erleben Sie das Feuer am Flamberg. Es wird nämlich in Ihren Herzen lodern. Unter Garantie. Vor allem bei den Weinen der Familie Harkamp und bei der Gastfreundschaft im Weingartenhotel. Es ist ein eigenes Himmelreich. Die Weingärten haben Steillage, die Weine Ecken und Kanten. Sie besitzen Persönlichkeit. Das ist schön.

Was für den Wein gilt, gilt ebenso für das Hotel und das Wirtshaus. Heinz Harkamp hat es als Koch bis nach Alaska gebracht. Und er bringt seine Kreativität und die Motivation seines Teams in die Küche ein. Da kann ich nur empfehlen: Genießen und wieder einmal steht das Herz in Flammen.

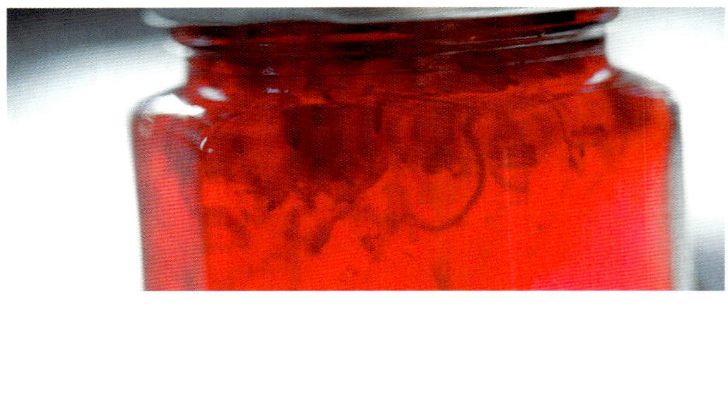

Flamberger Bier, Hausbrauerei Löscher

Flamberg 101, 8505 St. Nikolai im Sausal
Telefon 0 31 85/32 66
Öffnungszeiten Verkauf: Montag bis Freitag
8–12 Uhr und 13–17 Uhr, Samstag 9–16 Uhr
Führungen nur gegen Voranmeldung

Brauer: DI Dr. Michael Löscher

Die Flamberger sprechen über die Biere des ehemaligen Grazer TU-Lektors Löscher als „die besten der Steiermark“. Der begeisterte Bierbrauer Löscher hat vor fast 30 Jahren im Keller seines Einfamilienhauses begonnen, Bier zu brauen. Vom Pils über Hanf- bis zum Kürbisbier. Seine Biere kamen so gut an, dass er mit dem Brauen kaum nachkam. Jetzt ist das Flamberger Bier in vieler Munde. Auch in meinem und ich kann nur raten: Verkosten und trinken.

Mit diesem Tipp beende ich meine Reise auf der österreichischen Seite der Erzherzog Johann Wein- und Kulturreise. Dass diese Fahrt mit einem Schluck Bier endet, zeigt nur wie vielfältig sich das steirische Angebot an Genüssen präsentiert.

Reise 4

Štajerska, die Untersteiermark bis Marburg, diesseits und jenseits der Drau

Von Leutschach bis Marburg, die Stadt am Fuße des Pohorje, die Windischen Bühel

2009

Um nach Marburg zu gelangen, empfehle ich zwei Anfahrtswege: schnurstracks über die Pyhrnautobahn und den Grenzübergang Spielfeld oder von der Südsteirischen Weinstraße aus über Langegg, quer durch die Windischen Bühel.

Weil ich in Flamberg mit dem österreichischen Teil der „Erzherzog Johann Wein- und Kulturreise" geendet habe, nehmen wir die Direttissima – also die Autobahn. Maribor/Marburg war einst eine verschlossene Stadt: umgeben von schützenden Stadtmauern, jeden Abend fest verschlossen. Heute ist Marburg eine weltoffene, moderne Stadt. Die zweitgrößte Stadt der jungen Republik Slowenien. Für den Weinbau hat sie enorme Bedeutung.

Marburg und der Erzherzog Johann

Ich habe schon erwähnt, dass Erzherzog Johann 1828 den Grundstein für die Versicherungsgesellschaft Grazer Wechselseitige legte. Ursprünglich als Brandschadenversicherung gegründet, machte sie es sich zur Aufgabe, das Gebiet der Štajerska wirtschaftlich zu fördern. Der Weinbau lag nämlich in der West-, Süd- und Untersteiermark (Štajerska) im Argen. In den Weinbergen herrschte ein Durcheinander von verschiedensten Rebsorten. Erzherzog Johann hatte als weitgereister Mann auch die Verhältnisse des Weinbaues am Rhein kennen gelernt, kannte die Qualität dieser Weine und entschied sich, diese Rebsorten auch in der Steiermark anpflanzen zu lassen. In diesem Zusammenhang sei noch einmal auf die Gründung der Landwirtschaftsgesellschaft hingewiesen – eine Vorgängerin der Landwirtschaftskammer. Die Gründung der Gesellschaft zur Verbesserung der Landwirtschaft in der Steiermark erfolgte im März 1819. Noch im selben Jahr ließ der Erzherzog eine Außenstelle in Marburg einrichten. Nicht nur das. Um die Rebsorten des Rheingebietes aufziehen zu können, erwarb der Erzherzog in der Umge-

bung von Limbuš 1822 ein Gut. Heute kennt man es unter dem Namen „Gut Meranovo“. 1823 wurden die ersten Rebstöcke ausgepflanzt und Erzherzog Johann war 1826 bei der ersten Weinlese selbst anwesend. Das muss ein erhebender Moment gewesen sein. Der Habsburger-Spross war später oft auf Gut Meranovo. 1982 ist dort sogar eine Weinbauschule gegründet worden.

Die Unter- oder Südsteiermark dankte es dem Erzherzog mit einem Denkmal, das 1883 im Stadtpark in Marburg aufgestellt wurde. 1918 nach dem Ersten Weltkrieg war die Dankbarkeit vergessen. Das Denkmal ist entfernt worden, steht aber im Regionalmuseum von Marburg und eine Kopie wurde auf dem Gut Meranovo aufgestellt. In Meranovo – nach Meran benannt – ist heute ein Universitätszentrum für Weinbau und Kellerwirtschaft untergebracht. Die Weine dieses Gutes gehören zu den außergewöhnlichen Tropfen Sloweniens.

Die älteste Rebe der Welt

Marburg liegt an der Drau. Eine Stadt an einem Fluss ist ganz einfach faszinierend. In Marburg drängt die Altstadt an den Fluss und dort hat sich eine gute Beislkultur entwickelt. Mitten in der Altstadt befindet sich die älteste Rebe der Welt. Das gewaltige Naturereignis ziert das Haus Vojašniška ulica 8, direkt am Ufer der Drau. Untersuchungen der Reben durch Gutachter für Genetik in - Paris haben ergeben, dass dieser Weinstock älter als 400 Jahre ist. Sie stützt sich auf eine Holzpergola, die „brajda“ genannt wird. Die „stara trta“ liefert Trauben der Sorten Samtschwarzer oder Blaufränkischer. In der Dolenjska, im Südosten Sloweniens, wird aus dem Samtschwarzen der „Cviček“ gekeltert. Man sagt, das sei der einzige Wein, den Diabetiker sorglos trinken können. Der hat nämlich so gut wie gar keinen Zuckeranteil. Dem Staatspräsidenten Sloweniens ist es vorbehalten, die

Weinlese an der „stara trta“ vorzunehmen. Die alte Rebe, die selbst die Reblaus überlebt hat, liefert für einen besonderen Wein die Trauben. Wenige Flaschen sind es und sie erreichen nur wichtigste Persönlichkeiten der Welt. Bill Clinton hat ebenso einen Blaufränkischen aus Marburg erhalten wie Papst Johannes Paul II.

Weingärten und Kellergewölbe

Die Weingärten reichen in Marburg fast in die Innenstadt hinein. So ist die Riesling-Lage „Piramida“ mit der kleinen Kirche an ihrer Kuppe fast ein Wahrzeichen der Stadt. 1872 wurde in Marburg die Obst- und Weinbauschule gegründet. Erster Direktor war ein Fachmann namens Freiherr Hermann von Goethe. Marburg zählt rund 115.000 Einwohner. Die Weinbauorte Malecnik und Kamnica sind praktisch Vorstädte von Marburg. Bekannt vor allem wegen des Gelben Muskateller.

Im Slowenischen Weingesetz wird dieses Gebiet als „Podravje“ (das Tal der Drau) bezeichnet. Mitten in der Altstadt steht das alte Stadtschloss, einst als Teil der Stadtbefestigung errichtet (1478). Im 17. Jahrhundert wurde die Burg zur Residenz der steirischen Landesherren. Von damals stammen die prächtige Stiege und der wunderschöne Rittersaal. Heute ist in der Burg das Regionalmuseum untergebracht. Die Kellergewölbe sind ein Labyrinth an Gängen und Schächten: ein Weinkeller, der sich durch die halbe Altstadt schlängelt. Die Tunnel sind drei Kilometer lang, die Kapazität dieses Stadtkellers beträgt sieben Millionen Liter Wein.

Lentfest

Am Ufer der Drau befindet sich der Stadtteil „Lent“, das Kommunikationszentrum der Stadt mit Beisln, Wirtshäusern und einem jährlich stattfindenden Fest, das abertau-

naprej!
CASINO
MARIBOR

sende Menschen anzieht. Dort am Ufer steht der berühmte Wasserturm mit einer prominenten Vinothek, die die wichtigsten Weine Sloweniens anbietet.

Die großen Lagen

Im Unterschied zur Enge des Weinlandes Südsteiermark ist das Weinbaugebiet „Podravje“ (Draugebiet) weitläufiger. Riedenbewusstsein ist in den vergangenen Jahren stark aufgekommen. Die größte Riede nennt sich Spičnik (Speisenegg) und liegt an der Grenze zu Österreich. Sie umfasst rund 50 Hektar Weinland. Dann folgen die Rieden Ciringa (Zieregg), Slatina (Sulztal), Svecina (Wutschein) und Kresnica (Grassnitzberg).

Die Rebenbilder von Vinzenz und Conrad Kreuzer

Marburg besitzt eine wissenschaftliche und künstlerische Rarität: die ampelographische Darstellung von Rebsorten. Detailgetreu gezeichnet von den Brüdern Vinzenz und Conrad Kreuzer, zwei Künstlern des 19. Jahrhunderts, die sich in ihren Werken dem Stillleben widmeten. Die 126 Bilder der Brüder Kreuzer sind im Regionalmuseum von Marburg aufbewahrt und sind ein wissenschaftlicher Schatz, weil sie originalgetreu Blätter, Trauben, Ranken und Beeren dokumentieren.

Die drei Weinstraßen der Štajerska

Natürlich heißt das Weingebiet nur in der Umgangssprache „Štajerska“, Süd- oder Untersteiermark. Doch kennt es im Raum Marburg gleich drei Weinstraßen. Die erste ist die Obere Weinstraße von Slovenske gorice. Sie umfasst das Gebiet bis zur Grenze zu Österreich und ist die nördlichste dieser touristischen Genuss-Straßen. Vielleicht könnte man sie auch als Zwilling der südsteirischen Weinstraße bezeichnen.

Die zweite ist die Marburger Weinstraße: Diese beginnt am Lent an der Drau bei der alten Rebe und führt „bergauf, bergab" über Kamnica auf den fast 600 Meter hoch gelegenen Sv. Urban über Kalvarija, Piramida, Malečnik bis Nebova. Durch und durch ein Weißweingebiet.

Die dritte schließlich befindet sich unterhalb des Pohorje-Gebirges. Dort, wo sich Erzherzog Johann so gerne aufhielt, das Gut Meranovo erstand und Rheinriesling, Modri Pinot, Welschriesling und Traminer sowie andere Rebsorten heimisch werden ließ.

Wir besuchen:

Weingut Protner, Melečnik
Gostilna Šiker, Pernica
Vinag, Marburg
Gostilna und Bierstube Štajerc, Marburg
Hotel Habakuk, Marburg
Gostilna Pri Lipi, Muta
Gostilna Vračko, Kungota
Weingut Valdhuber, Kungota
Weingut Kušter, Kungota
Weingut Gaube, Kungota
Gostišče Denk, Kungota

Weingut Protner

Hiša Joannes
Vodole 34, 2229 Melečnik
Telefon 00 386/(0) 2/47 32 1, www.joannes.si
Geöffnet: auf Anmeldung

Winzer: Familie Protner

Schon vor Jahren sind mir die Weine unter dem Namen „Joannes“ in guter Erinnerung geblieben. Dann habe ich die Familie Protner kennen und schätzen gelernt und damit ihre guten Tropfen besser verstanden. Mehrmals war ich mit Weinfreunden dort, wir waren überrascht über die Gastfreundschaft, die gute, hausgemachte Jause und die hervorragenden Weine. In erster Linie sind es Weißweine. Das kleine Dorf Vodole liegt nordöstlich etwa neun Kilometer von Marburg entfernt. Die Brüder Boštjan und Gregor pflegen rund sieben Hektar Weinland und sind vor allem für ihren Rheinriesling und Muskateller bekannt. Ihre Weine werden auch in die USA exportiert. Die Buschenschank ist für rund 60 Personen ausgestattet.

Gostilna Šiker

Močna, 2231 Pernica
Telefon 00386/(0) 2/720 69 21, www.gostilnasiker-sp.si
Geöffnet: Mittwoch bis Sonntag 11–23 Uhr

Wirte: Familie Cotar

Seit 1870 besteht dieses wunderschöne Bauernwirtshaus an der Straße zwischen Marburg und Lenart. Bereits in meinem Buch „Slowenien: 100 köstliche Entdeckungen" habe ich über die Familie Breda und Silvester Cotar berichtet. Zwei tüchtige Wirtsleute, die nicht nur für das leibliche Wohl ihrer Gäste sorgen. Im Wirtschaftsgebäude gegenüber dem Wirtshaus hat Silvester ein Bauernmuseum eingerichtet. Unterstützt wird das Ehepaar von Tochter Nataša. Sie hat die Tüchtigkeit der Familien Šikar und Cotar mit übernommen. Küche und Service werden zum Teil von langjährigen Mitarbeitern unterstützt, was auch für die Qualität des Hauses spricht.

Die Speisen sind regional, bodenständig, die Weine kommen aus dem eigenen Haus und die Lebensmittel zum Teil aus der Landwirtschaft.

Charlotte

8 Eier, 400 g Zucker, 2 Pkg. Vanillezucker, 1/4 l Milch, 8 Blatt Gelatine, 300 g Biskuit zum Auslegen der Backform, Rosinen, Schokolade, Himbeersaft und Schlagrahm

Die „Charlotte" ist das süßeste und liebste Kind im Gasthaus Šiker. Sie ist ein Dessert, das wie folgt zubereitet wird:

Eigelb mit 160 g Zucker und heißer Milch über Dampf aufschlagen. In kaltem Wasser eingeweichte und gut ausgedrückte Gelatine dazugeben, die Schüssel vom Dampf wegnehmen. Aus Eiweiß und 240 g Zucker und Vanille einen steifen Schnee schlagen und unter das Eiweiß heben. Diese Masse in drei Teile geben: Einen Teil mit aufgelöster Schokolade mischen, zum zweiten Teil etwas Himbeersaft gießen, der dritte Teil bleibt gelb. In eine Backform die drei Teile wie in Schichten übereinanderlegen, obenauf kommt der Biskuitboden. Dann eine Stunde ins Tiefkühlfach stellen und noch einmal zumindest drei Stunden im Kühlschrank erkalten lassen.

Vor dem Servieren umstürzen und obenauf die Charlotte mit Früchten und Rosinen garnieren.

Vinag Maribor

Trg svoboda 3, 2000 Maribor
Telefon 00386/(0) 2/220 81 11, Fax 220 81 30
www.vinag.si
Geöffnet: Geschäft täglich zu normalen Geschäftszeiten
Die Besichtigung des Weinkellers
ist nach Voranmeldung möglich.

1902 wurde die Kellerei als Genossenschaft gegründet. Heute ist die zu den größten Weinproduzenten Sloweniens zählende Firma eine Aktiengesellschaft. Der Weinkeller unter dem Schloss von Marburg ist 22.000 Quadratmeter groß und beherbergt ständig fünf Millionen Liter Wein. Natürlich besitzt die Vinag Massenweine mit sehr günstigen Preisen, doch auch am Qualitätshimmel strahlen einige Sterne der Vinag. Das Weinsortiment reicht vom Welschriesling über den Rheinriesling bis zum Traminer oder Blauen Burgunder (Modri pinot). Die Weine werden trocken, halbtrocken, halbsüß und als Prädikatsweine ausgebaut.

Gostilna und Bierstube Štajerc

Vetrinjska ulica 30, 2000 Maribor
Telefon 00386/(0) 2/23 44 234, Fax 23 44 242
Geöffnet: Montag bis Samstag 10–22 Uhr
Sonn- und Feiertag geschlossen

Besitzer: Terme Maribor

Das Gasthaus und Bierstube Štajerc liegt im Zentrum von Marburg. Die Gäste kommen in erster Linie, um hier das Hausbier Štajerc zu trinken und bodenständige Schmankerln zu speisen. Das Haus verfügt über Räume, die rund 120 Gästen Platz bieten. Im schönen Gastgarten haben weiter 180 Gäste Platz. Zum Bier werden Schweinshaxen, Fleisch- und Wurstspezialitäten und auch „Bograč" aufgetragen. Letzteres ist eine Art Gulasch, aus dem Osten Sloweniens.

Bograč
Bogratsch-Gulasch

2 kg Zwiebel, je 500 g Rind-, Hirsch-, Wildschwein- und Schweinefleisch, Paprika gemischt (rot, grün, gelb), Paprikapulver, Pfefferoni, Knoblauch, Lorbeerblatt, Thymian, Majoran, gemahlener Kümmel, Pfefferkörner, Paradeismark, 10 Erdäpfel, 2 dl Rotwein, Salz, Pfeffer, Wasser oder Rindsuppe

Zwiebel klein schneiden und in Öl oder Schweineschmalz langsam anrösten. Klein geschnittene Paprika und Pfefferoni dazugeben. Das Fleisch in Würfel schneiden, erst Rind-, dann Wild- und schließlich das Schweinefleisch unterrühren und mitrösten. Genügend Knoblauch dazugeben und mit Paprikapulver stauben. Mit Rindsuppe aufgießen – das Fleisch sollte bedeckt sein. Köcheln lassen, bis das Fleisch weich ist. Pro Person einen geviertelten Erdapfel beimengen, Paradeismark dazugeben und alles noch einmal 20 Minuten köcheln lassen. Den Wein eingießen, ziehen lassen und servieren. Besser aber am nächsten Tag aufwärmen und servieren. Gulasch schmeckt halt zweimal aufgekocht noch besser.

Hotel Habakuk

Pohorska ulica 59, 2000 Maribor
Telefon 00386/(0) 2/300 81 28, www.termemb.si
Geöffnet: ganzjährig

Besitzer: Terme Maribor

Das Hotel Habakuk in unmittelbarer Nähe zur Talstation der Liftanlagen auf den Pohorje (Bachern), wo im Winter Weltcup-Skirennen stattfinden, führt zu Recht fünf Sterne. Wer in Marburg absteigt, der sollte hier übernachten und ruhig ein wenig mehr Geld spendieren. Es ist die Sache wert: Wellness, Hallenbad, die schöne Umgebung, gute Kulinarik, perfekter Service, freundliches Personal. Das Habakuk spielt all diese Stückerln.

Gostilna Pri Lipi

Mariborska cesta 12, 2360 Muta
Telefon 00386/(0) 2/8766 090, Fax 8766 098
www.prilipi.si
Geöffnet: Montag bis Samstag 9–23 Uhr, Sonntag und Feiertag 10–21 Uhr

Wirtin: Helena Kresnik Pažek

Wir machen einen kleinen Ausflug in Richtung Kärnten und kehren in Muta in das wunderschöne Gasthaus Pri Lipi ein. Es liegt in der slowenischen Region Koroška, also im slowenischen Kärnten. Ein Haus, das gerne für Hochzeiten angenommen wird. Es gibt nämlich einen Hochzeitssaal für rund 180 Personen, mit eigenem Eingang und eigenem Parkplatz. Sonst überwiegen Stüberln, ein Garten. Viel Holz, das Behaglichkeit ausstrahlt, ist hier in den Stuben eingebaut. Die Küche ist regional, Kärntner Speisen werden hier nach alter Tradition gekocht.

Gostilna Vračko

Jurij, 2201 Zgornja Kungota
Telefon 00386/(0) 2/656 43 11
www.gostice-vracko.com
Geöffnet: 11–23 Uhr
Montag Ruhetag

Wirte: Familie Vračko

Seit 1902 wird dieses Traditionshaus nahe des Grenzüberganges zu Langegg von der Familie Vračko betrieben. Die Steirer kommen gerne, weil sie hier ein wenig „Adria"-Küche genießen wollen. Die Wirtefamilie selbst bietet aber auch typische Kost der Untersteiermark an. Dazu wird Wein aus der eigenen Produktion gereicht. Das Wirtshaus bietet schöne Stuben und Speiseräume sowie Zimmer zum Übernachten an.

Gibanica

3 Packungen Strudelteig oder selbstgemachter Teig, 200 g Butter, 50 g grob gehackte Walnüsse zum Bestreuen, 2 dl Süßrahm
Topfenfülle: 60 g Butter, 60 g Zucker, 500 g Bröseltopfen, 1 Ei, 1 dl Sauerrahm, 80 g in Rum eingelegte Rosinen
Apfelfülle: 500 g geschälte, in dünne Scheiben geschnittene Äpfel, 40 g Zucker, Zimt, Zitronenschale, 100 g gehackte Walnüsse, Zitronensaft
Mohnfülle: 250 g Mohn gemahlen, 3 dl heiße Milch, 50 g Zucker oder Honig, 1 dl Sauerrahm

Ein hohes Backblech oder eine Kasserolle mit Butter bestreichen, dann eine Schicht Strudelteig einlegen (leicht getrocknete Strudelblätter), mit zerlassener Butter übergießen. Eine Schicht Apfelfülle einlegen, Strudelblätter darauflegen und wieder mit Butter beträufeln. Dann kommt die Topfenfülle, Strudelblätter, Butter, dann die Mohnfülle und so weiter. Bis zu zwei Zentimeter unter dem Rand der Kasserolle die Schichten auflegen. Dann noch einmal Teig darüberlegen, mit Butter beträufeln und den Süßrahm aufgießen, die Nüsse und Zucker darüber streuen, ein paar Butterflocken auflegen und im Rohr bei 180 bis 200 Grad etwa eine Stunde backen.

Weinbauernhof Valdhuber

Svečina 19, 2201 Kungota
Telefon 00386/(0) 2/656 49 21
Geöffnet: voranmelden

Winzer: Janez und Bogomir Valdhuber

Die Valdhubers kenne ich schon viele Jahre. Ich bin schon von den Weinen der beiden Brüder begeistert gewesen, als das Weinwunder von Slowenien erst zaghaft im Entstehen war. Schlanke, elegante, fruchtige Weißweine. Während in der Südsteiermark noch breite, aromatische Weine überwogen – vor allem beim Weißburgunder und Sauvignon blanc –, zeigten die Brüder Valdhuber schon die neue Linie.

Das Weingut liegt in unmittelbarer Nähe der südsteirischen Weinstraße und bietet auch Gelegenheit, dort einzukehren und zu verkosten. 10 Hektar Weinland bewirtschaftet die Familie und hat für ihre Kreszenzen bereits viele Preise und Auszeichnungen erringen können.

Janez und Bogomir sprechen perfekt Deutsch.

Weingut Kušter

Plač 9, 2201 Kungota
Telefon und Fax 00386/(0) 2/656 05 61
www.vino-kuster-com
Geöffnet: voranmelden

Winzer: Vinko Serbinek

Das Weingut Kušter gehört zu den führenden Weinproduzenten der Untersteiermark und kann sich mit den Spitzenwinzern auf der anderen Seite der Grenze, nämlich in der Südsteiermark, messen. Es sind die klassischen Weine von Rheinriesling über Chardonnay und Sauvignon blanc bis hin zum Traminer, die ausgebaut werden. Top Produkte, die bei einem Besuch auch mit Hingabe präsentiert werden.

Weingut Gaube

Špičnik 17, 2201 Kungota
Telefon und Fax 00386/(0) 2/656 35 11
www.vino-gaube.com
Geöffnet: gegen Voranmeldung

Winzer: Alojz Gaube

2009 hatte die Winzerfamilie Gaube Pech mit dem Wetter, Hagelschlag brachte große Schäden in den Weingärten. Gaube ist der Dritte im Bunde der Top-Winzer von Kungota. Die Weine haben einen frischen, fruchtigen Geschmack, einen eleganten Körper und eine ausgewogene Säurestruktur. Die Anfänge des Weinbaues am Hofe der Familie Gaube reichen bis 1820 zurück. Auf den 6,5 Hektar Weinland werden vornehmlich Weißweine erzeugt. Die allerdings von hoher Qualität.

Gostišče Denk

Zgornja Kungota 11a
2201 Kungota
Telefon 00386/(0) 2/656 35 51

Wirte: Familie Vračko

Dieses Wirtshaus fünf Kilometer vor dem Grenzübergang Langegg ist zweigeteilt: Einerseits wird eine traditionelle Küche für die Ausflügler von „drüben" gekocht, die aber in hoher Qualität, andererseits kocht Junior Gregor auf Wunsch groß auf. Kunststück, hat er doch bei den Obauers in Werfen gearbeitet, die Berufsschule in Bad Gleichenberg besucht und war bei Thom Keller in den Vereinigten Staaten. Ich habe ihn in Laibach erlebt, in meiner Funktion als Juror für den Wettbewerb des besten Kochs Sloweniens. Was glauben Sie wohl, wer den Titel errungen hatte: Gregor Vračko. Bravo!

Rezepte

Wirte, Winzer, Produzenten

Der Autor

Peter Lexe

Der 1950 in Villach geborene und in Kärnten lebende Journalist und Autor ist seit 1973 Redaktionsmitglied von Tageszeitungen und Gourmet-Fachzeitungen. Seit 1993 Verfasser der wöchentlich in der Kleinen Zeitung erscheinenden Kulinarik-Kolumne „Kuchlmasta". Erfolgreicher Autor und Co-Autor zahlreicher Bücher wie „Friaul-Julisch Venetien: Sieben köstliche Reisen" oder „Köstliches Kärnten". Peter Lexe lebt und vermittelt die Alpen-Adria-Idee. 2009 wurde Peter Lexe von Bundespräsident Heinz Fischer als Anerkennung seiner Arbeit der Berufstitel „Professor" verliehen.

Der Fotograf

Peter Just

Geboren 1977 in Klagenfurt. Während des BWL-Studiums journalistisch tätig als freier Mitarbeiter in der Wirtschaftsredaktion der Kleinen Zeitung. Schon als Kind begeisterte ihn die Fotografie und seit 2004 konzentriert er sich endgültig auf die Arbeit mit der Kamera. Sein fotografisches Betätigungsfeld ist vielfältig. Gesellschaftliche Ereignisse, Sport, Reisereportagen bis hin zu Mode und Kulinarik fotografiert er vorwiegend für österreichische Zeitungen und Magazine.